碑帖名品全本实临系列

# 李阳冰《三坟记》实临解密

丁万里　著

上海书画出版社

## 作者简介

丁万里，一九八二年生，山东烟台人。二〇〇五年本科毕业于中国美术学院，获学士学位。二〇〇八年硕士毕业于中国美术学院，导师韩天雍、陈大中、白砥教授。二〇一一年博士毕业于中国美术学院，导师祝遂之教授。

现任教于杭州师范大学美术学院，现为中国书法家协会会员，浙江省书法家协会教育委员会副秘书长，浙江省青年书法家协会副主席。

## 碑帖名品全本实临系列

李斯《峄山碑》实临解密
《礼器碑》实临解密
《曹全碑》实临解密
王羲之《兰亭序》实临解密
王羲之王献之小楷实临解密
《张黑女墓志》《董美人墓志》实临解密
智永《真草千字文》实临解密
褚遂良《雁塔圣教序》实临解密
怀仁集《王羲之书圣教序》实临解密
孙过庭《书谱》实临解密
《灵飞经》实临解密
颜真卿《祭侄文稿》《祭伯父文稿》《争座位帖》实临解密
李阳冰《三坟记》实临解密
柳公权《神策军碑》实临解密
赵佶瘦金体三种实临解密

# 师古与创新
## ——小议李阳冰书《三坟记》

丁万里

三坟记简介

李阳冰，字少温，祖籍赵郡（今河北赵县），后迁居云阳（今陕西泾阳），遂为京兆（陕西西安）人。生卒年不详，约生于唐玄宗开元九、十年间（七二一、七二二），卒于贞元初年（七八五—七八七）。唐代著名文学家和书法家。李阳冰出身名门望族，品行儒雅、治学严谨、博古通今。肃宗乾元年间（七五八—七五九）曾担任缙云县令，上元二年（七六一）迁当涂县令，代宗大历初年（七六六）擢任集贤院学士，建中初年（七八〇）领国子丞，官到将作少监，世称『李监』。

李阳冰以篆学名世，精工小篆。有唐一代，楷书和行草书发展到极为鼎盛的时期，而篆书却日渐没落，李阳冰尝叹曰：『天之未丧斯文也，故小子得篆籀之宗旨。』李阳冰潜心研习三十余年，在古文字学方面的造诣与篆书相当，曾刊定许慎《说文解字》，研究古代碑刻并实地探访，凭借其坚持不懈的精神，形成了自己独有的篆书风格面貌，开一代篆书之风，与李斯一同被后世称为『二李』。李白诗《献从叔当涂宰阳冰》云：『吾家有季父，杰出圣代英……落笔洒篆文，崩云使人惊。』说明李阳冰篆书在当时成就之高。后人评价亦是如此，南宋陈槱《负暄野录》云：『小篆，自李斯之后，惟阳冰独擅其妙，常见真迹，其字画起止处，皆微露锋锷。映日观之，中心一缕之墨倍浓，盖其用笔有力，且直下不欹，故锋常在画中。此盖其造妙处。』清孙承泽《庚子消夏记》曰：『篆书自秦、汉以后，推李阳冰为第一手。今观《三坟记》，运笔命格，矩法森森，诚不易及。然予曾于陆探微所画《金滕图》后见阳冰手书，遒劲中逸致翩然，又非石刻所能及也。』

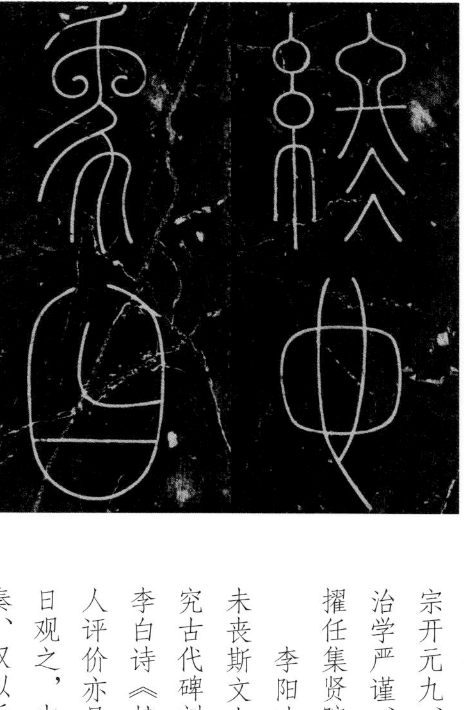

图一　《谦卦铭》

图二　《颜氏家庙碑》碑额

窦臮《述书赋》所述李阳冰篆书『初师李斯《峄山碑》』，李阳冰亦自称『斯翁之后，直至小生，曹喜、蔡邕不足道也』。其传世作品在宋代时还多有遗存，欧阳修《集古录》和赵明诚《金石录》均有著录，而元明之后多数亡佚。以原石刊刻时间为序，现存有《城隍庙碑》（七五九）、《谦卦铭》（七六一）（图一）、《三坟记》（七六七）、《栖先茔碑》（七六七）、《庚公德政碑》（七七〇）、《般若台题名》（七七二）、《颜氏家庙碑》篆额（七八〇）等。其中除《颜氏家庙碑》碑额（图二）为原刻外，其余皆为后世重刻。

《三坟记》，唐大历二年（七六七）刻，李季卿撰，李阳冰书。碑文两面刻篆书，二十三行，行二十字。原石早佚，现存碑石约北宋时翻刻，具体无明确记载，置于西安碑林博物馆。《三坟记》是李阳冰篆书代表作，前文中提到，其篆书初师李斯《峄山碑》，然而《峄山碑》在后魏太武帝时已毁，杜甫诗《李潮八分小篆歌》云『峄山之碑野火焚，枣木传刻肥失真』，说明在唐代《峄山碑》已有翻刻本，已去原碑面貌甚远。至于李阳冰是否得见《峄山碑》原拓，就无从知晓了。目前，《峄山碑》最常见版本是同样藏于西安碑林博物馆的『长安本』，为北宋郑文宝以五代南唐徐铉摹本重刻。在此将宋刻《三坟记》（图三）与宋刻『长安本』《峄山碑》（图四）做一个简单的对比分析，以窥二者之间用笔和结构的异同之处。

### 一、用笔

《三坟记》与《峄山碑》在用笔上异曲同工，线条粗细变化不大，婉曲翩然、圆润挺拔，是典型的玉箸篆风格。二者在用笔细节之处略有不同，主要表现在以下几个方面：

（一）粗细

《峄山碑》线条粗细相对均衡，没有明显变化，而《三坟记》线条在总体大致相仿的前提下，会呈现出些许粗细变化，表现在单

图三 《三坟记》碑阳

图四 《峄山碑》碑阳

个线条、单字内线条之间和字与字之间三个方面。如『为』字（图五）左侧一长笔，由细到粗，此类长线条，在行笔过程中或多或少都有少许提按，线条更显灵动；单字内线条之间的粗细对比，在《三坟记》中也较为多见，特别是笔画繁多之字，如『冢』『起』『集』等字（图六），各部分间的粗细对比一目了然；再如字与字之间（图七），中间一行字笔画粗而厚重，两侧细而挺拔。需要注意的是，在强调粗细变化的同时，需要遵循适度原则，既要有矛盾关系，又要能够协调统一。过度的变化会导致极为突兀的视觉效果，同时也会破坏其玉箸篆的风格基调。

### （二）起收

基于线条粗细变化的因素，《三坟记》线条的起笔和收笔书写更加自然、轻松。起笔可方、可圆，可藏锋或露锋；收笔亦可尝试不同形态，或收、或略停、或顺势送出（图八）。这些灵活多变的起收笔方式，加之行笔过程中的提按变化，更能体现出线条的书写节奏感。当然，用笔随意并不代表毫无遮拦地信手发挥，而是要在法度的范围内尽可能地表现自然的用笔状态，真正做到从心所欲不逾矩。反观《峄山碑》，因其线条粗细较为匀称，所以起收笔的形态也相对单一，多以方中带圆为主，较《三坟记》更加肃穆静雅。

图五 《三坟记》单字

图六 《三坟记》单字

图七 《三坟记》单页

图八 《三坟记》原碑

图一〇 《三坟记》单字

图九 《峄山碑》单字

（三）转折

『转折』一词要一分为二地看，『转』与『折』是两种截然不同的用笔，在表现效果上，前者『圆』而后者『方』。《峄山碑》中几乎不见折笔，即便是看似方折之处，也施以转笔，如『惠』字（图九）『田』部，四角形方而势圆。可见《峄山碑》将转笔的空间缩小到了极限，《三坟记》突破了这个极限，就出现了折笔。表现最明显之处就是『口』部的写法，如『宽』『栗』二字（图一〇）内『口』部的处理，上方下圆，对比尤为强烈。但是，篆书用笔多以圆转为主，偶尔略施方笔会有画龙点睛之效，但是运用过多，则不免有板滞之弊。所以，方折笔运用于《三坟记》中也是较为谨慎的。

（四）虚实

此处的虚实，主要是指点画之间衔接处的断连关系。《峄山碑》多以实接为主，偶有虚接，也不明显，『世』字（图一一）如此。《三坟记》中，则更多地表现为点画的虚接，如『始』字（图一二）右侧两横，『有』字（图一三）『月』部内部两竖，『焉』字（图一四）下部等，这些点画衔接之处，似断似连、若即若离，既不失点画间的联系，又不会过于紧密，把握得恰到好处。在临摹时，主观上一定要重视此类微妙的处理方法，断连相宜，虚实得当，切不可随意书写。断处多结构势必松散，反之则会拥挤愚笨。

（五）直曲

《峄山碑》与《三坟记》在线条形态表现方面，前者多施直线，后者多曲线，如图相同字的对比所示（图一五）。直与曲在视觉上非常容易分辨，既然线条形态不同，那么用笔过程必然是有所差异的，即中锋和侧锋的问题。有论者言，书写篆书需笔笔中锋，其实这种观点早已过时，也过于绝对化。在行笔方向不变的情况下，保持中锋用笔是比较容易的，倘若行笔方向发生变化，甚至反复转变，笔锋则要随之调整，也就是调锋，这种情况下要保持中锋用笔就比较困难，对书写者也有较高的技术要求。所谓『中锋』，并非笔尖始终在笔画正中行进，其实左右有一定的区间范围。《三坟记》曲线多，有些笔画反复使转，行笔时调锋自然就多，在这个过程中，笔锋只要在适度的范围内行笔，不出现明显的偏差，都是可以接受的，也符合自然书写的特性，线条也会比所谓的笔笔中锋灵动许多。

## 二、结构

《三坟记》与《峄山碑》在结构方面也有所异同。相同之处，二者字形的长宽比例大致相仿，约为六比四，既体现出篆书纵势，也不乏横势开张之感（图一六）。这一点

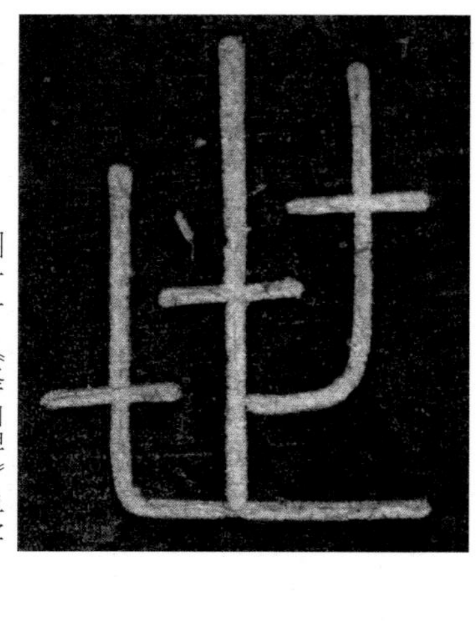

图一一《峄山碑》单字

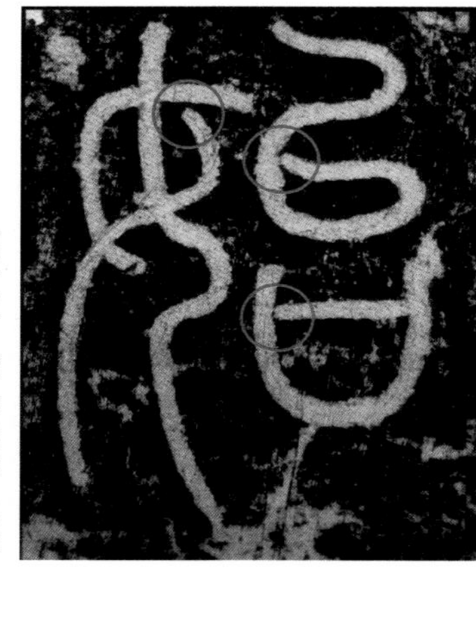

图一二《三坟记》单字

图一三《三坟记》单字

图一四《三坟记》单字

要与清篆有所区别，邓石如、吴让之等人的篆书字形修长，纵势明显。初学清篆，再学秦篆、唐篆，便容易出现字形比例失调的问题，将《三坟记》字形写得过于修长，则会失去高古之意。另外，由于字形的原因，《三坟记》中一些字重心较低，更显古拙之趣，如『华』『吏』等字（图一七）。《三坟记》与《峄山碑》在结构上还有一个共同点，就是空间分布均衡，所谓『均衡』关键在于『衡』，在不均衡中找平衡，不可简单地理解为均衡。玉箸篆的特征往往给人以线条粗细一致、结构均衡对称之感，不能将这一特征理解得过于绝对化。实际上，无论《峄山碑》还是《三坟记》，总体看结构平正、对称，细看却并非如此，其结构的空间变化还是极其微妙的。临摹时主观上需要适当打破对称、平行、均衡等固有观念，以不致于写得呆板无趣。《三坟记》与《峄山碑》结构的不同之处，前者具有装饰感，后者则更显古朴、典雅，原因在于用笔方面『直』与『曲』的不同。《三坟记》曲线较多，所以结构多灵动、摇曳，表现出较强的装饰效果；《峄山碑》线条多平直舒展，结构更加平正而宽博，有简约之美（图一八）。

纵观《三坟记》《峄山碑》之间的区别，主要表现在用笔方面，从而进一步影响到结构的表现。总体来说，《三坟记》无论用笔还是结构，都更加灵活、多变；《峄山碑》则较为严肃、严谨，但并不板滞。二者对用笔表现程度上的把控差异，并无高低、对错之别，只是风格表现上的不同而已。当然《三坟记》与《峄山碑》的总体风格还是属于玉箸篆一类的。虽然《三坟记》与《峄山碑》原石均已佚，但从这两件宋代翻刻作品看，二者还是具有很明显的师法关系。在此基础上，李阳冰能够师古而不泥古，融会贯通，形成了自己特有的篆书风格面貌。将《三坟记》与《峄山碑》进行对比分析，梳理《三坟记》的取法出处，既便于正确地理解和有效地进行临摹学习，也能够对日后的创作提供思路和方向。

图一五《三坟记》（左）与《峄山碑》（右）单字对比

图一七《三坟记》单字

图一八《三坟记》（左）与《峄山碑》（右）对比

图一六《三坟记》原碑

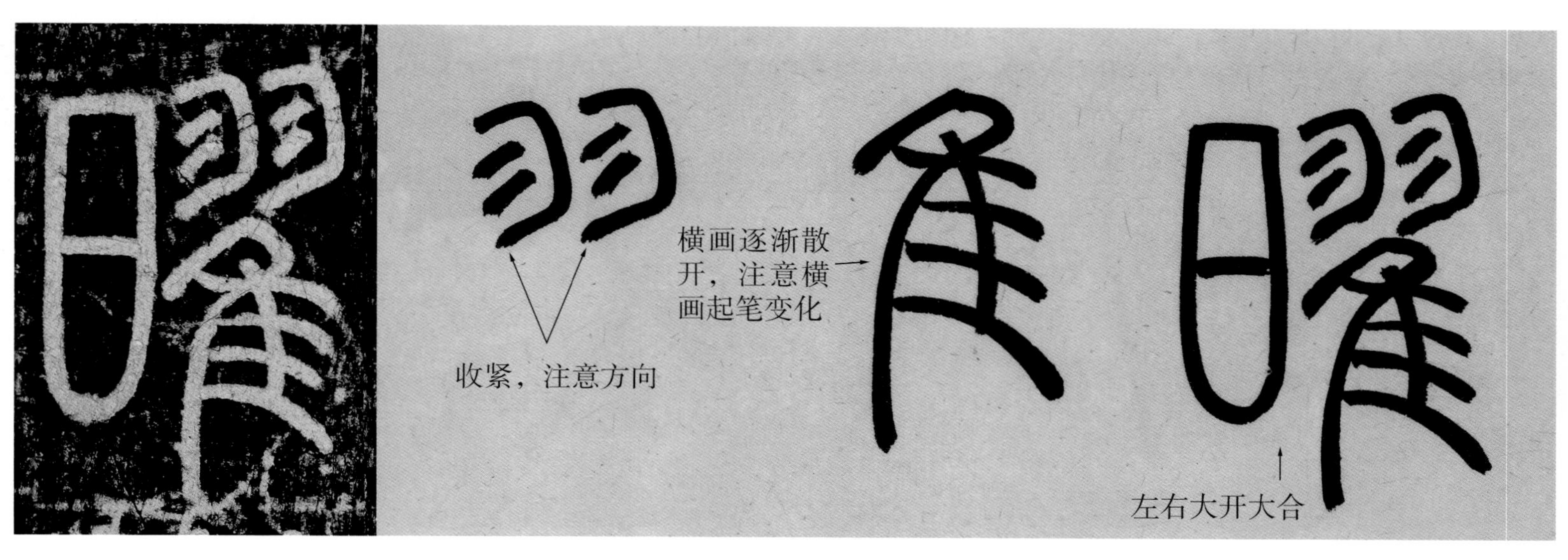
横画逐渐散开，注意横画起笔变化
收紧，注意方向
左右大开大合

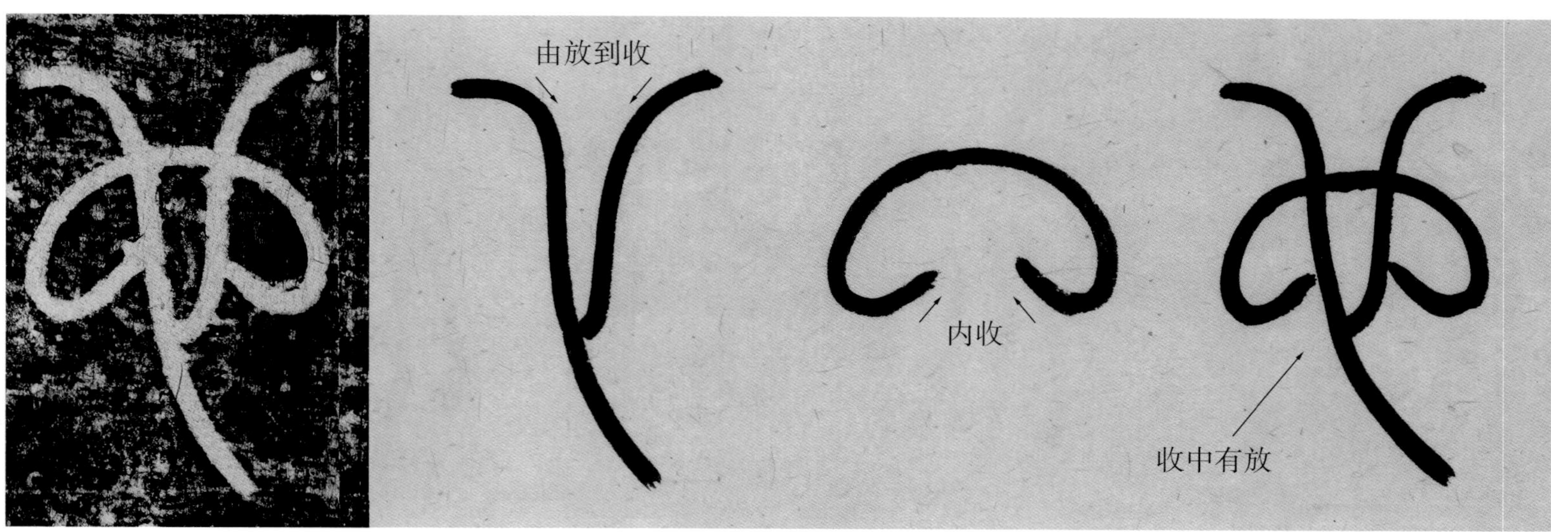
由放到收
内收
收中有放

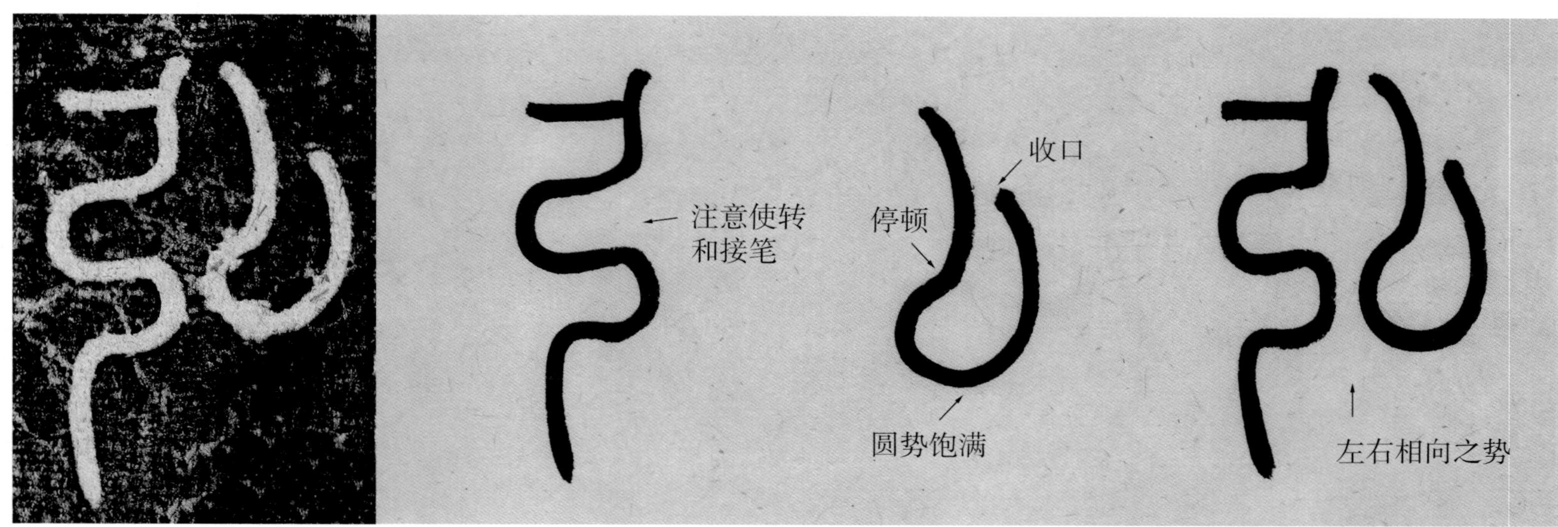
注意使转和接笔
收口
停顿
圆势饱满
左右相向之势

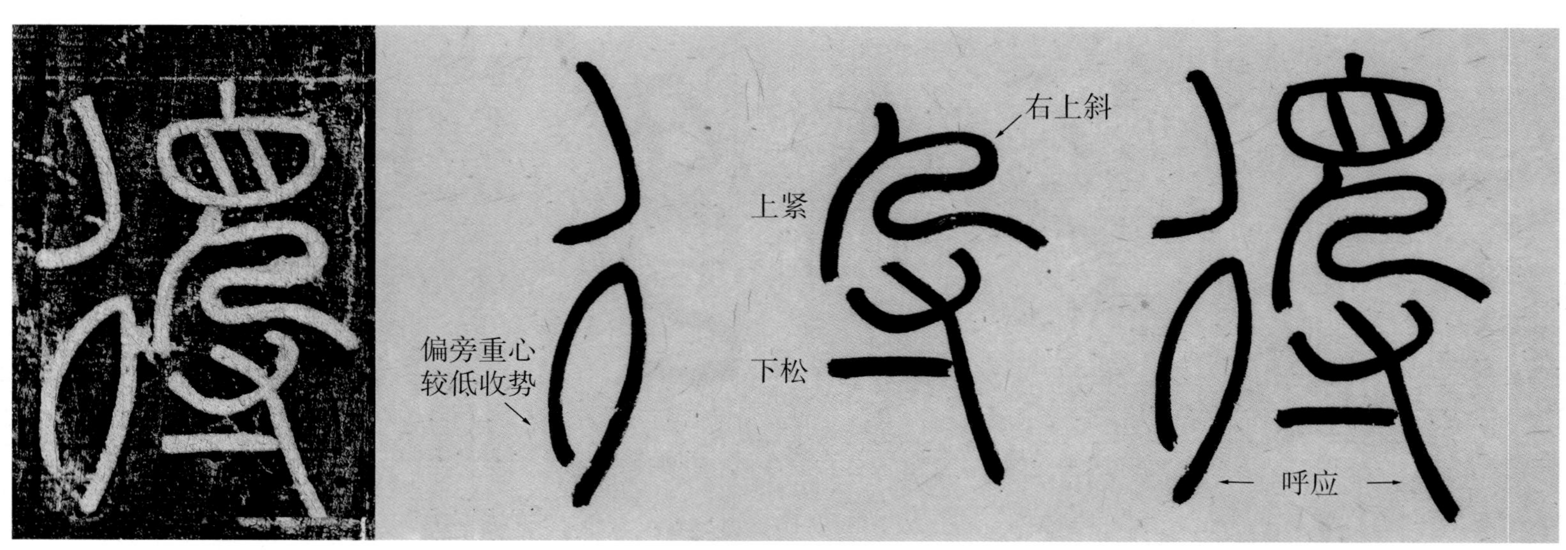
右上斜
上紧
下松
偏旁重心较低收势
呼应

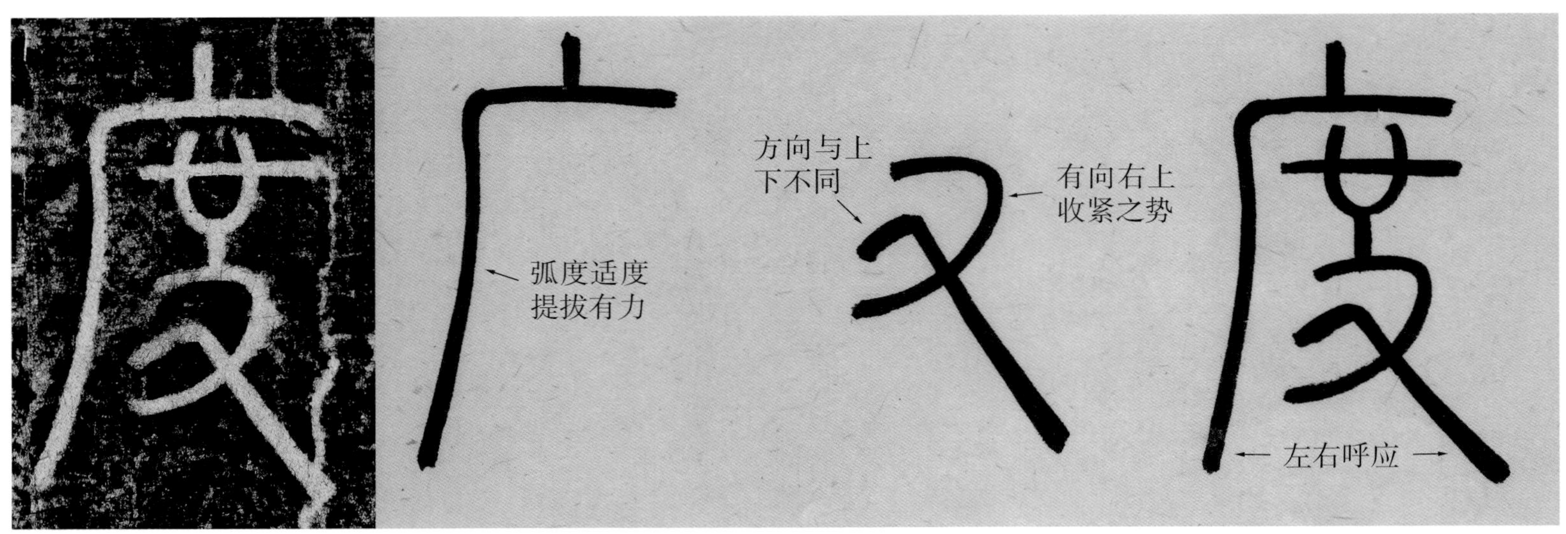
方向与上
下不同
有向右上
收紧之势
弧度适度
提拔有力
左右呼应

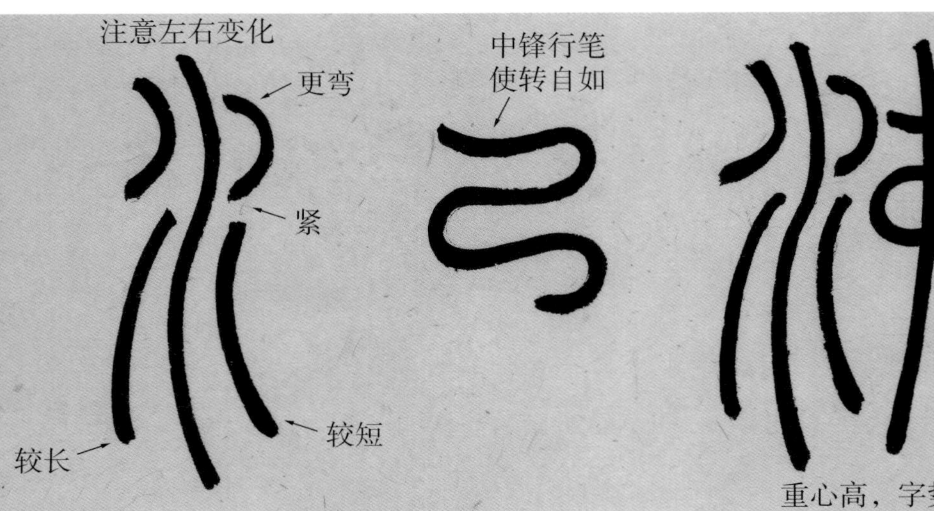
注意左右变化
更弯
中锋行笔
使转自如
紧
较长
较短

重心高，字势舒展

展开
与上面横画
不平行

收紧

舒密有致

散开状
左右呼应
左顾右盼相互倚靠

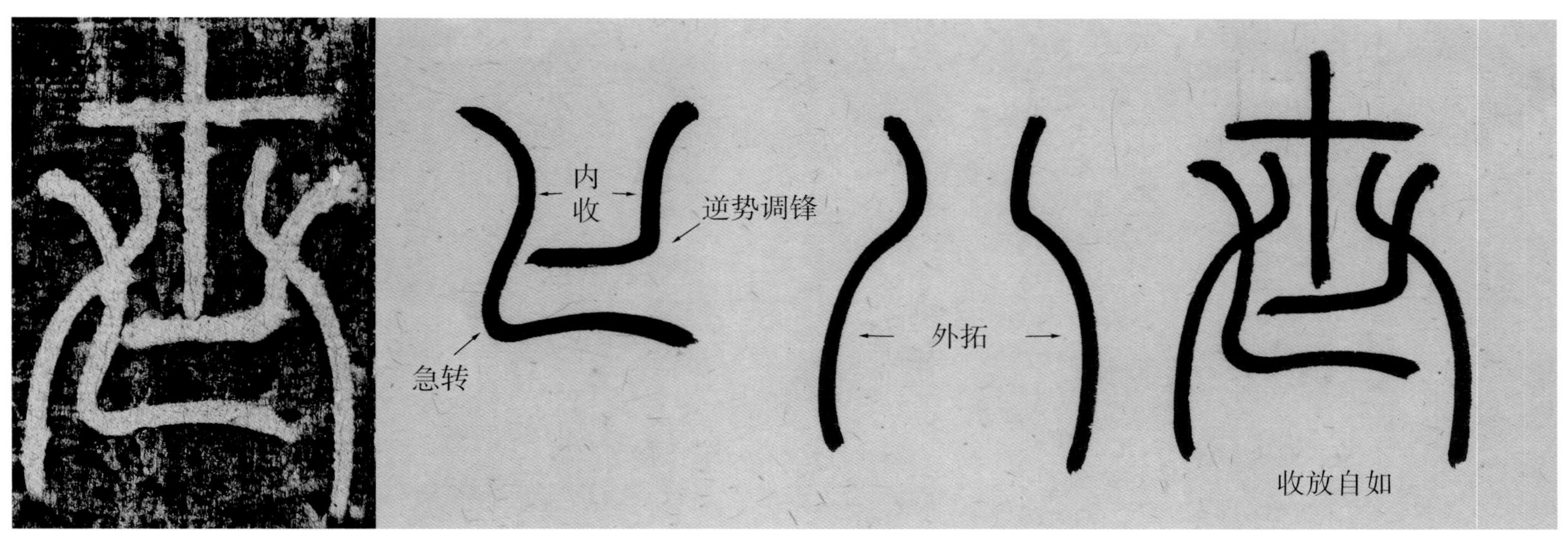

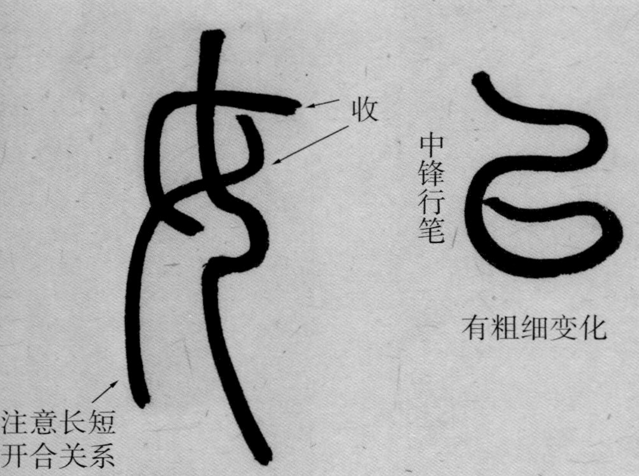

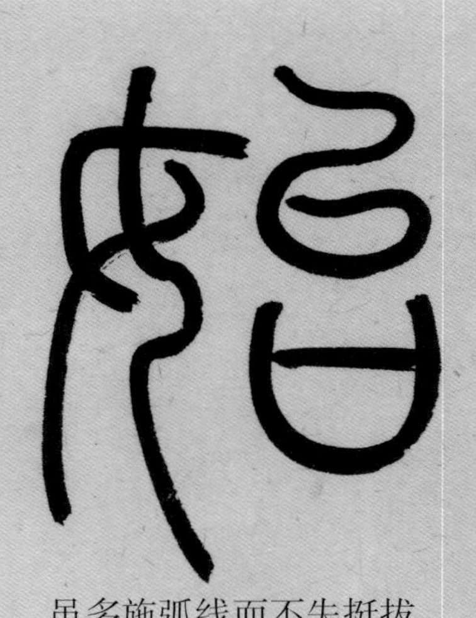

穿插避让

弧度小笔
势斜而险

避让关系极佳

注意姿态

略有停顿，用笔
整体流畅自如

左右相互契合

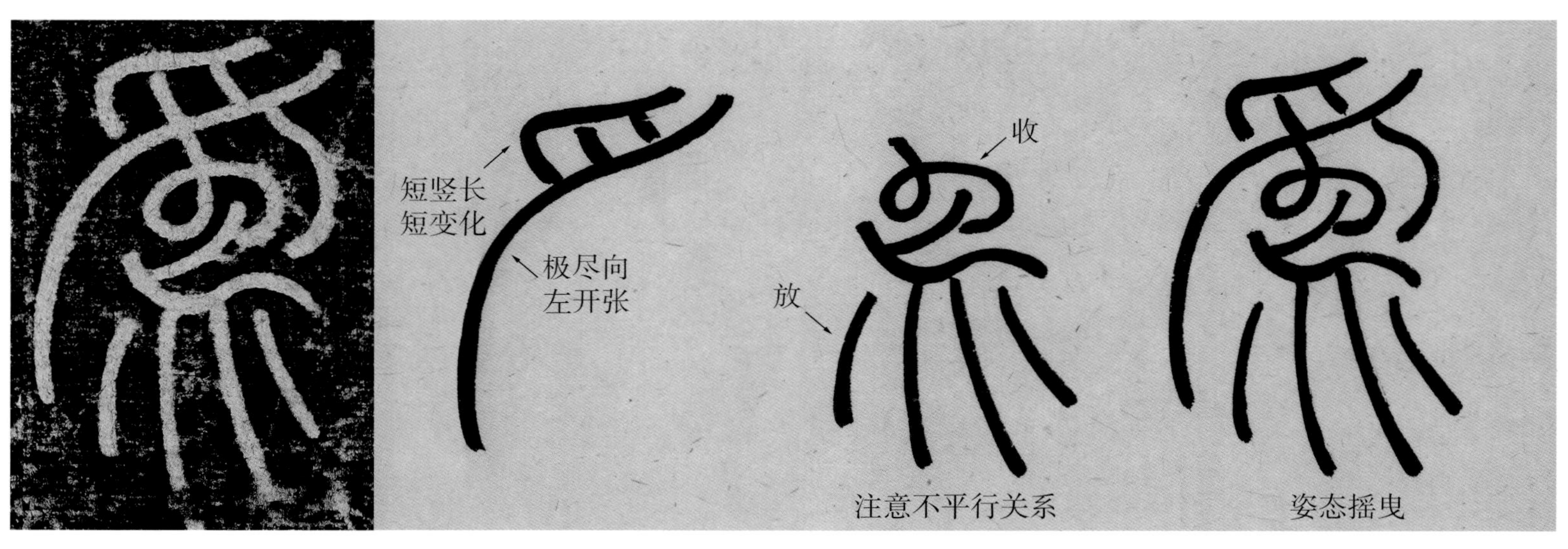
短竖长
短变化
极尽向
左开张
收
放
注意不平行关系
姿态摇曳

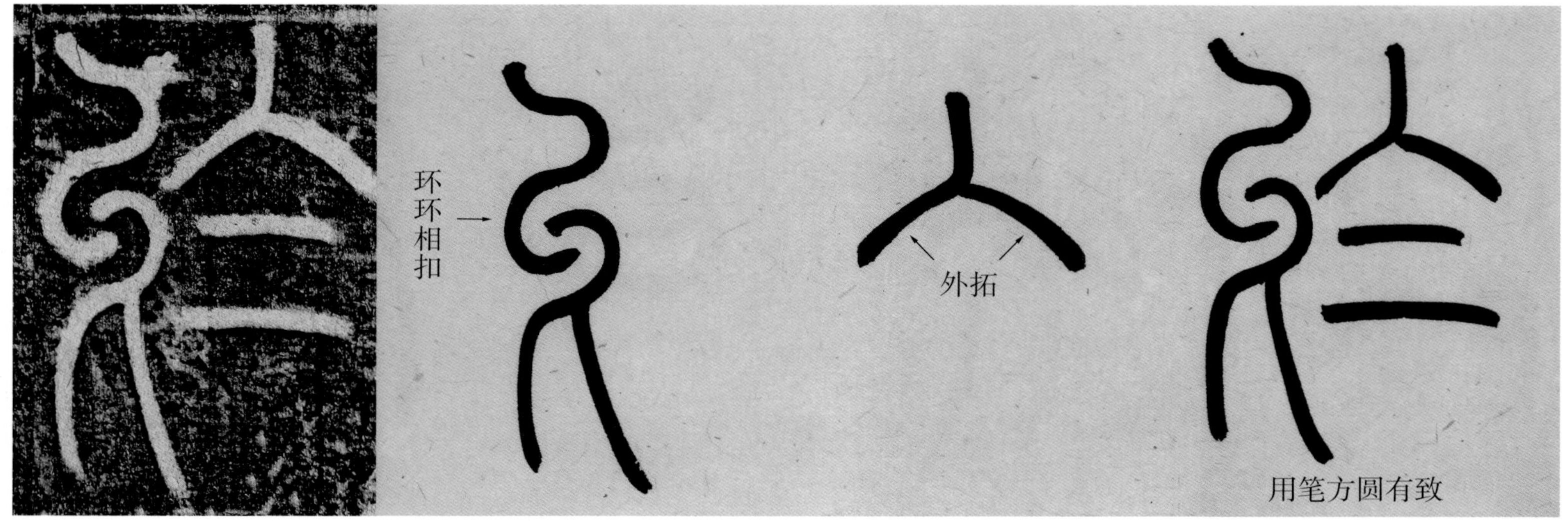
环
环
相
扣
外拓
用笔方圆有致

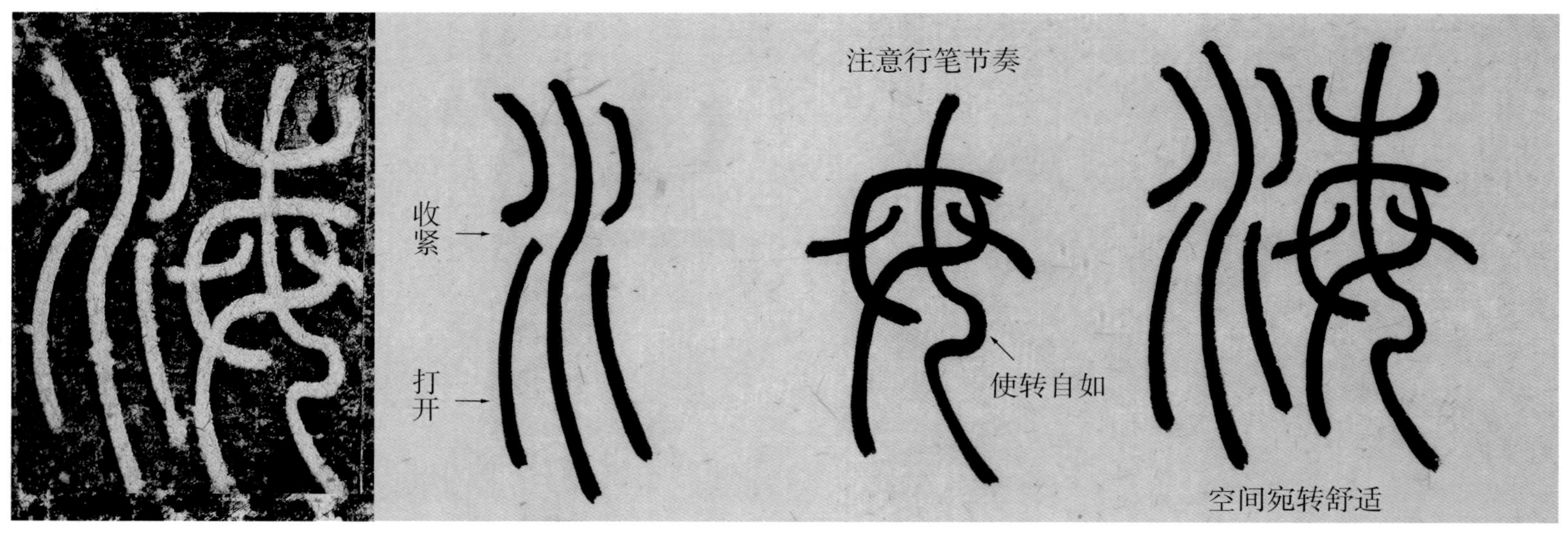
注意行笔节奏
收
紧
打
开
使转自如
空间宛转舒适

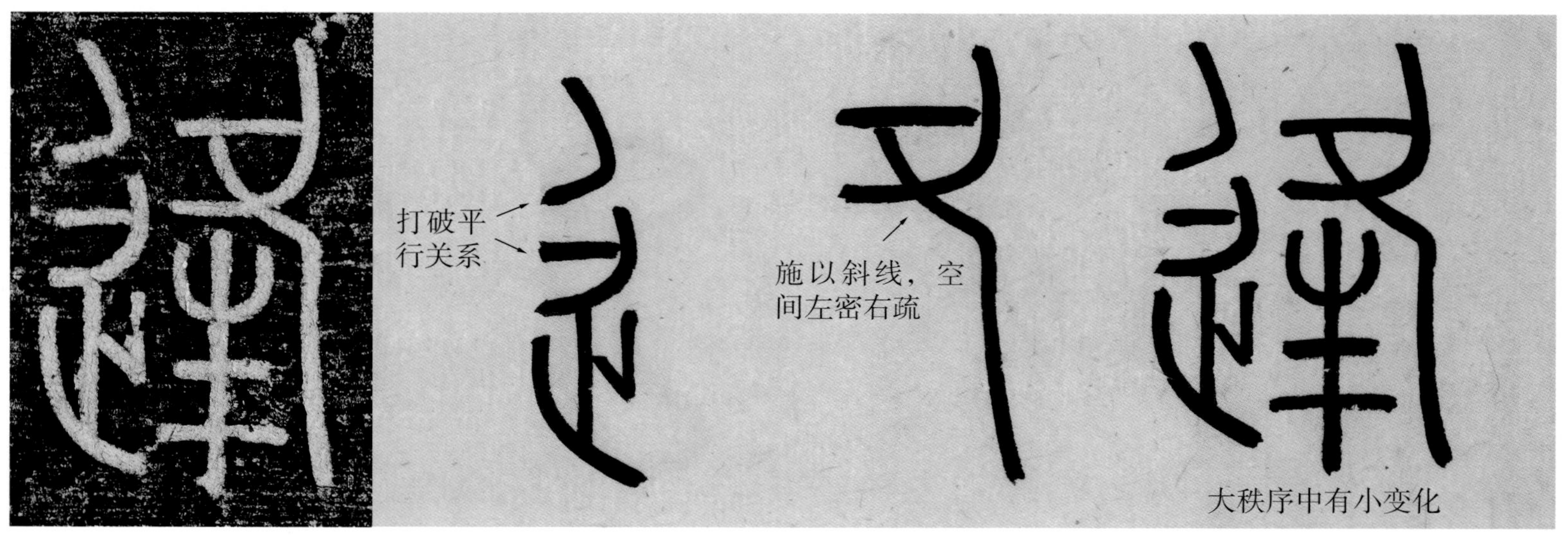
打破平
行关系
施以斜线，空
间左密右疏
大秩序中有小变化

『先』字上半部上松下紧，下半部起笔偏左，末笔向外打开；『侍』字撇画内收，『寸』部上紧下松；『郎』字左半边圆框部分外拓，转折处注意调锋。

『之』字字形纵长，上松下紧；『子』字两弧线左高右低，竖画前半部略直，尾部左倾；『曰』字重心偏低，空间分布均衡。

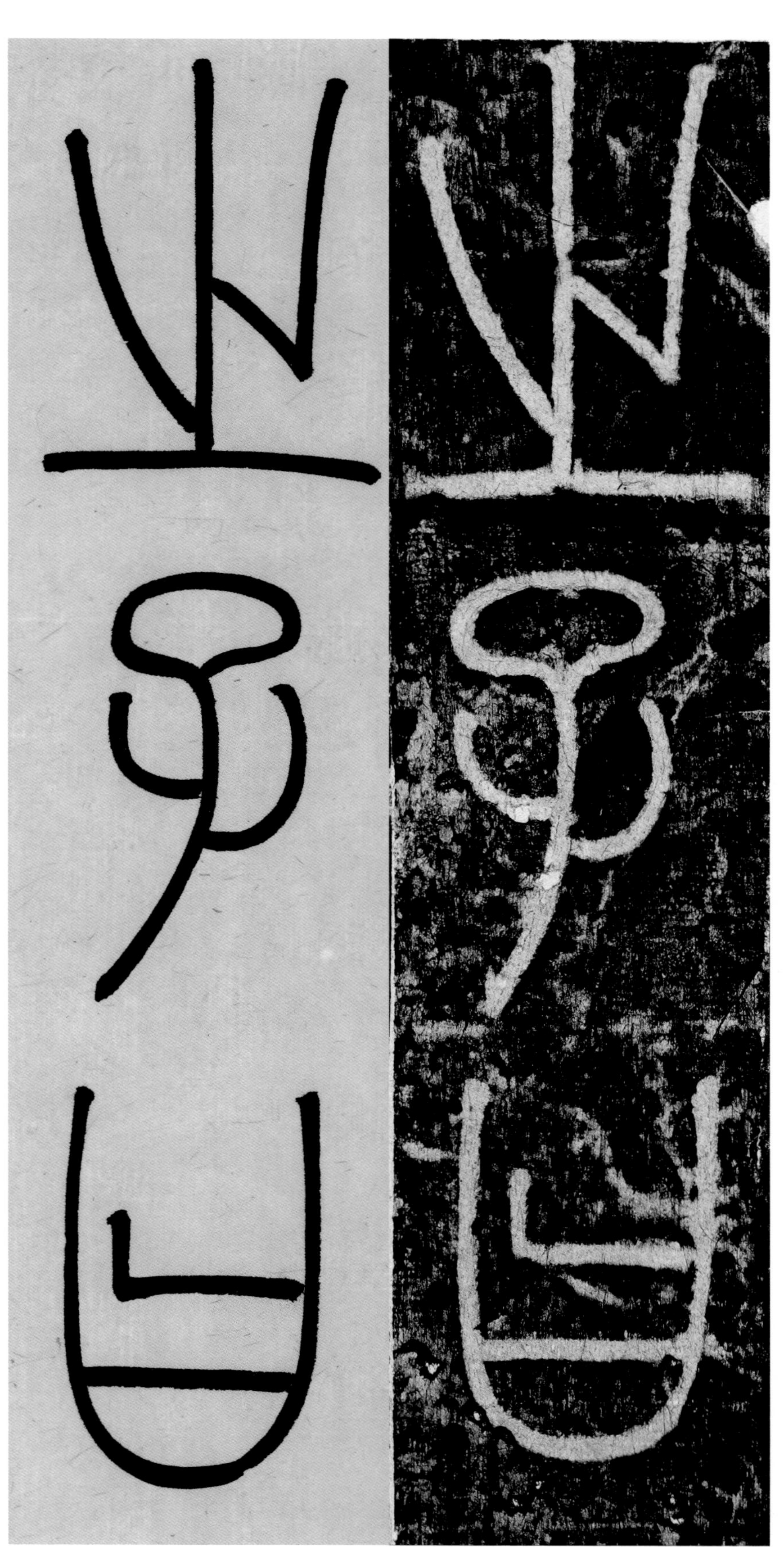

『曜』字右半部结构紧凑，四横画注意姿态；『卿』字左右对称，接笔处注意变化，中间部分收笔处在全字中心线上；『字』字『子』部右上倾斜，左低右高。

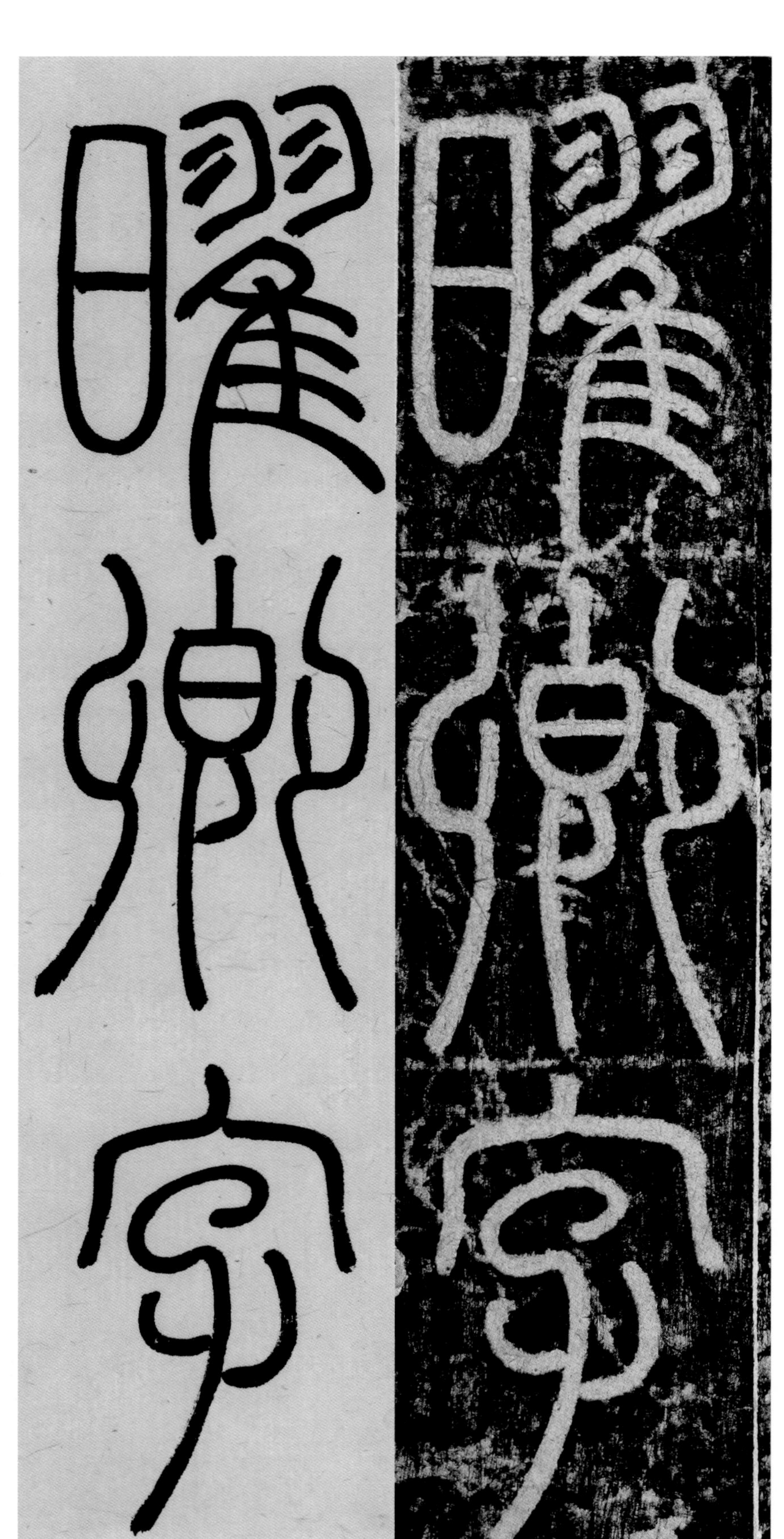

『华』字内收外放，长竖注意弧度，重心偏低；『名』字圆笔多，左密右疏，『口』部位置与上部保持对应关系；『世』字用笔宛转灵动，转笔处缓慢，结构对称。

「才」字注意横画有弧度变化；「也」字上宽下窄，中间收紧；「弘」字左半部注意使转衔接，下部有左右相向之势。

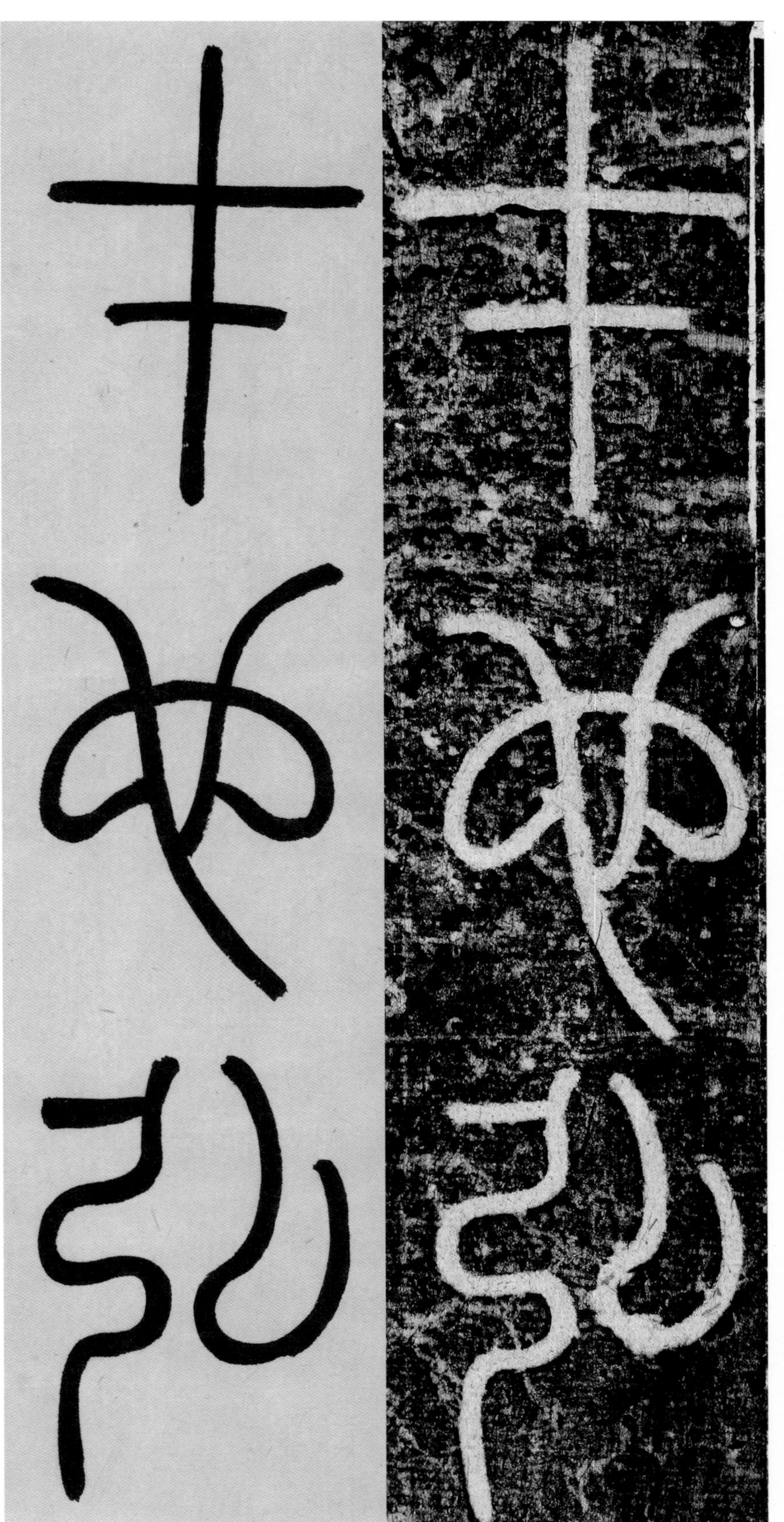

「乐」字上部「白」字重心偏上；「易」字注意三个撇画疏密与长短变化。

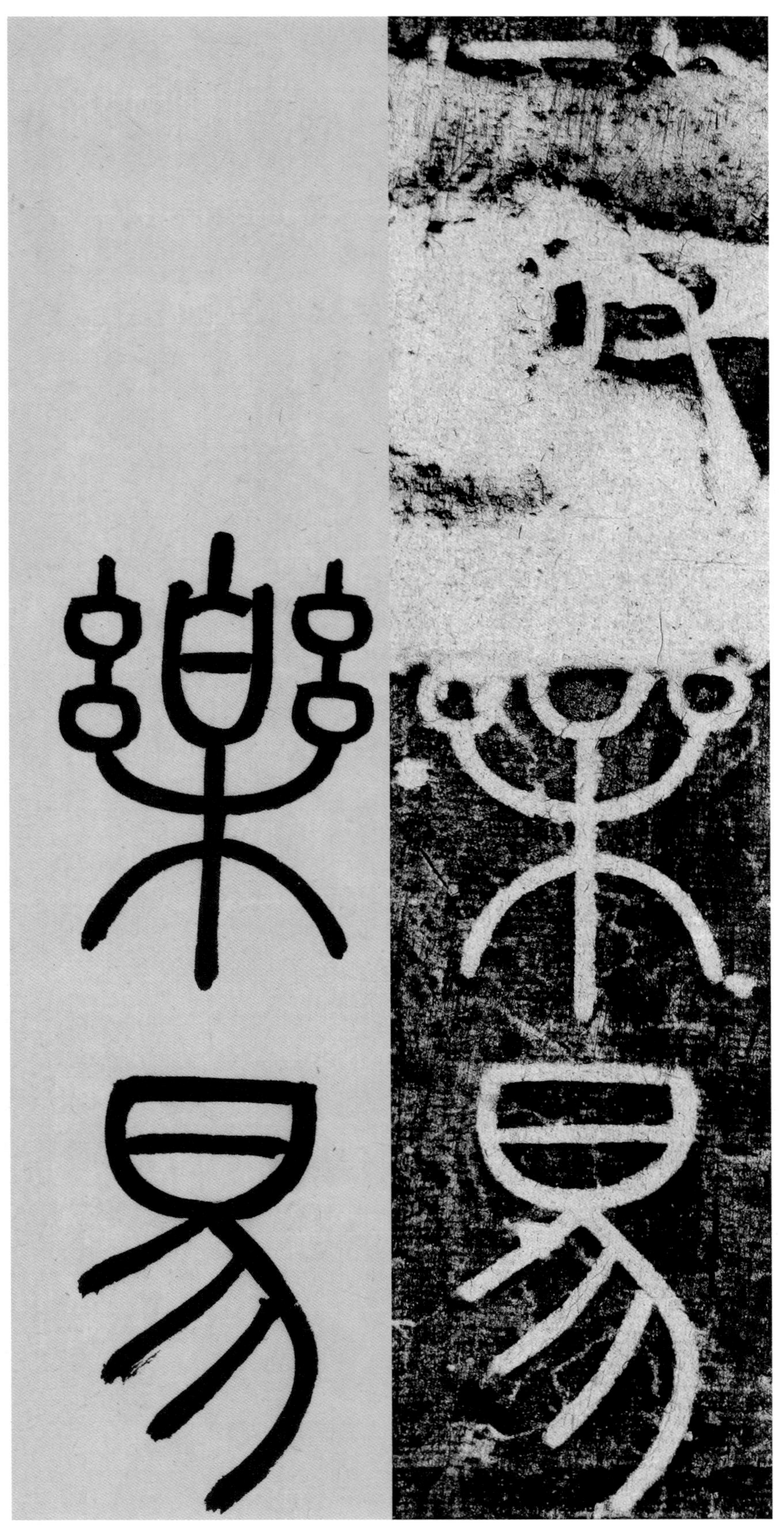

「机」字重心偏下，小空间分布匀称；「符」字单人旁右倾，「寸」部挺拔，上紧下松；「朗」字「月」部空间分布均衡，末笔与上面笔势连带，保持一致。

「御」字结构中间紧凑，两边略松，双人旁重心高且修长；「既」字右边弧线多，左右摆动明显，重心稳定；「冠」字内部空间分布均衡。

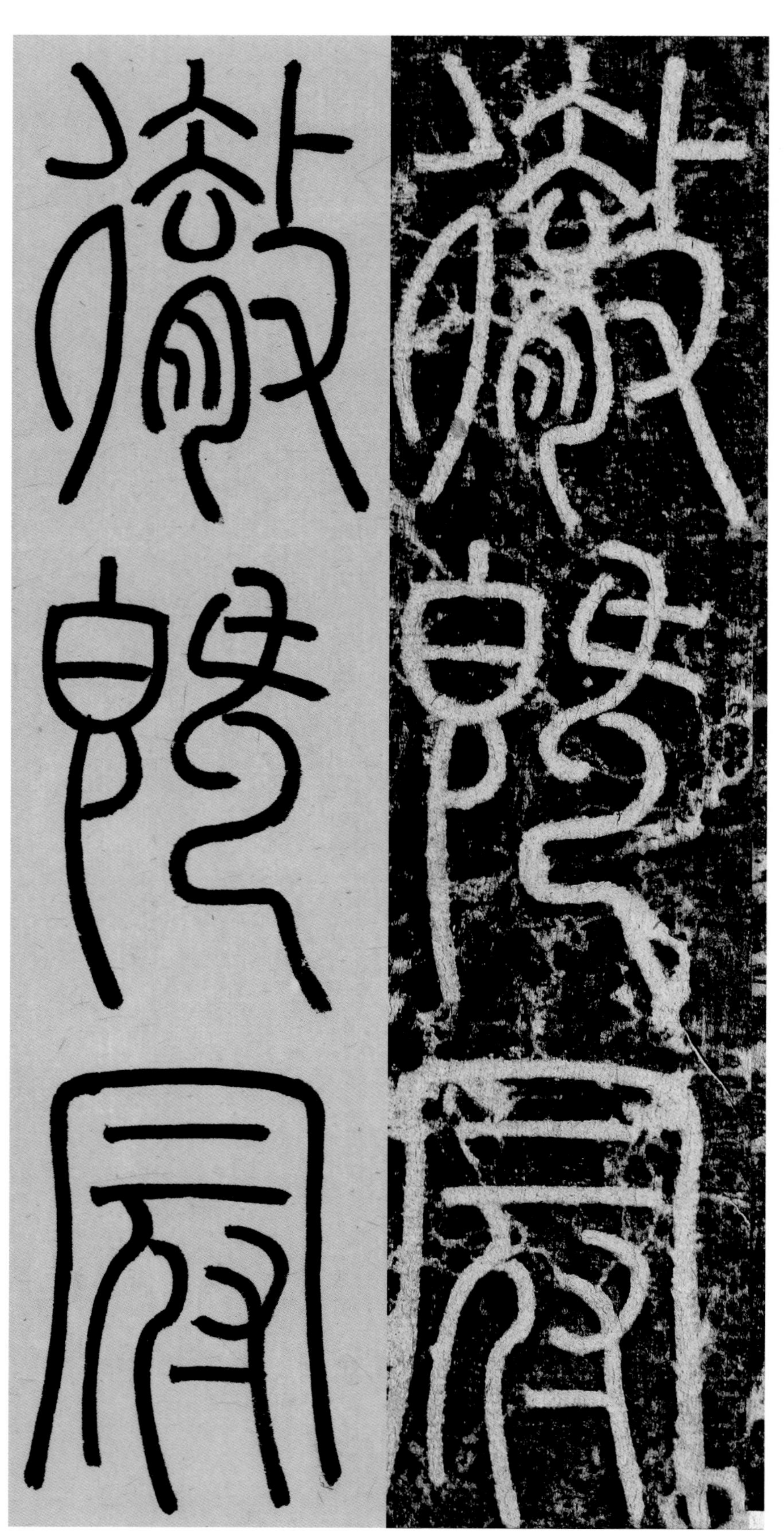

『遭』字注意右半部结构对称；『家』字注意三撇笔中前两笔平行，最后一笔向背；『不』字注意左右对称，下部向内收紧。

『造』字右侧上宽下窄，左右穿插；『诸』字左收右放，『口』部与『日』部左右对齐；『季』字中轴线明确，『子』部上端略右上倾斜。

『种』字重心左低右高，左右四处起笔位置一致；『藐』字弧线间空间分布均衡，注意收笔长短变化；『植』字下部收紧，上宽下窄，空间分布均衡。

『之』字上松下紧，重心低；『以』字曲线为主，注意中锋用笔。

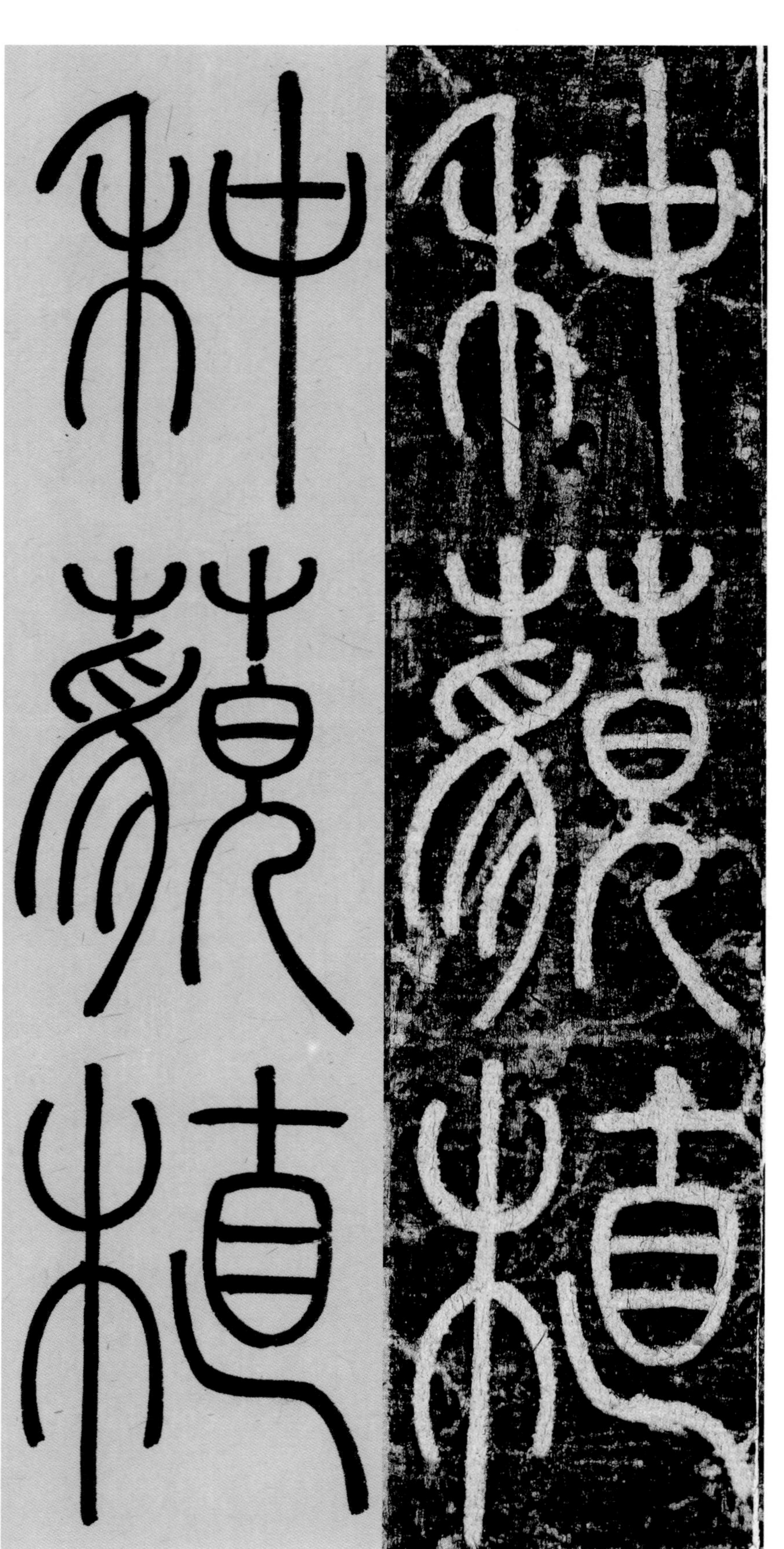

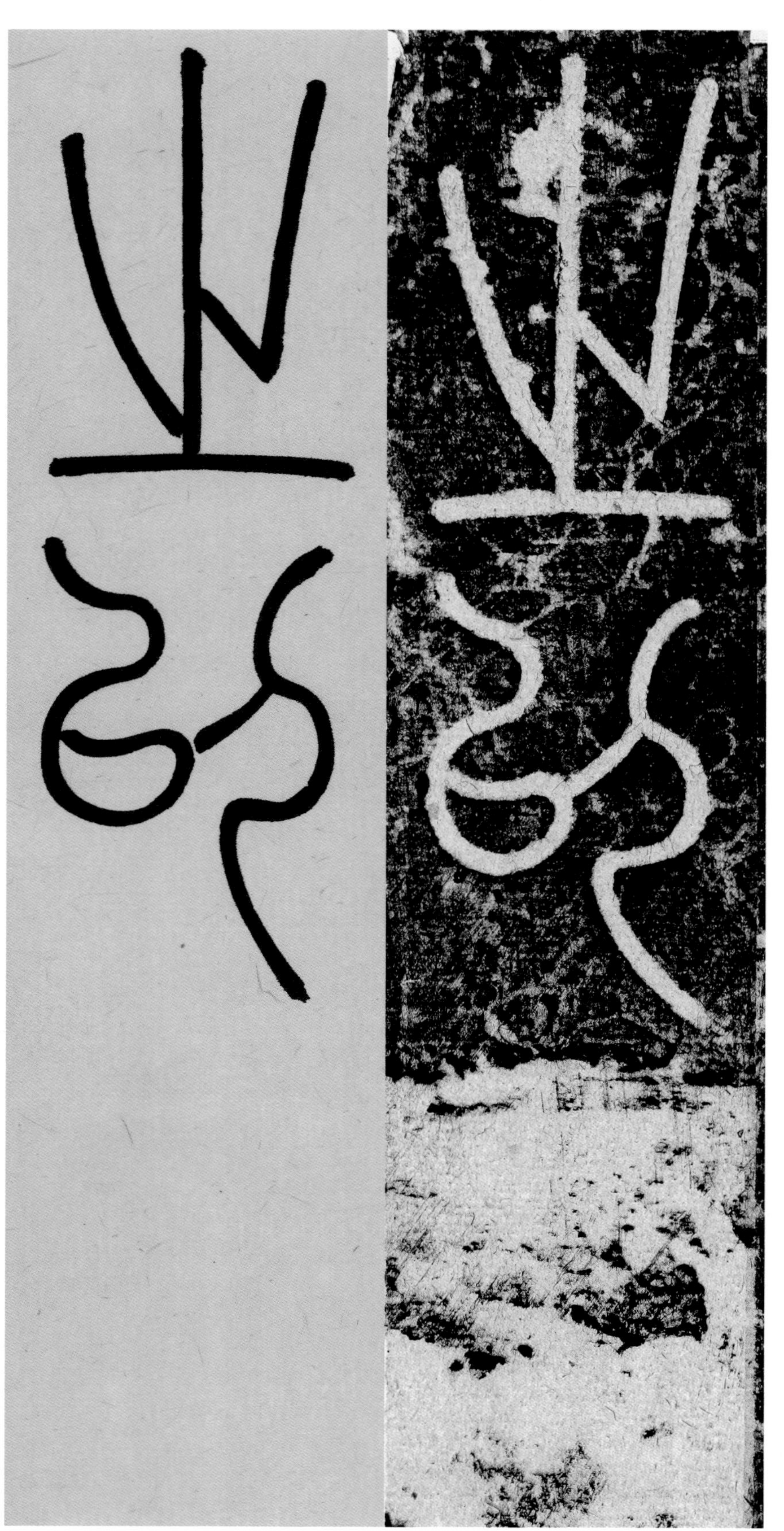

『艺』字空间疏密有致，左右契合；『博』字右侧注意收放变化；『之』字有倒三角之势。

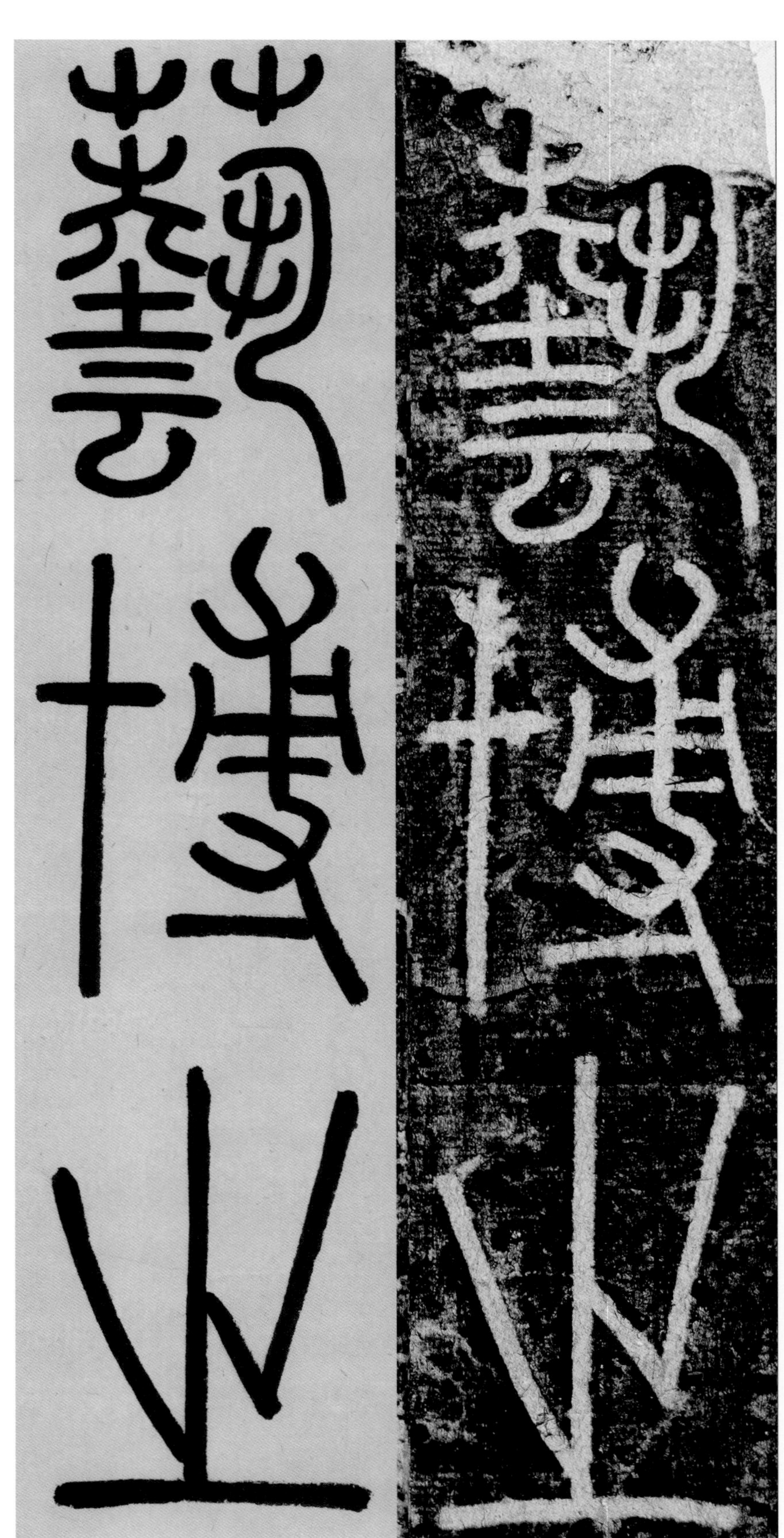

『文』字重心偏高，字形饱满修长；『行』字重心低，上部开张，下部略收。

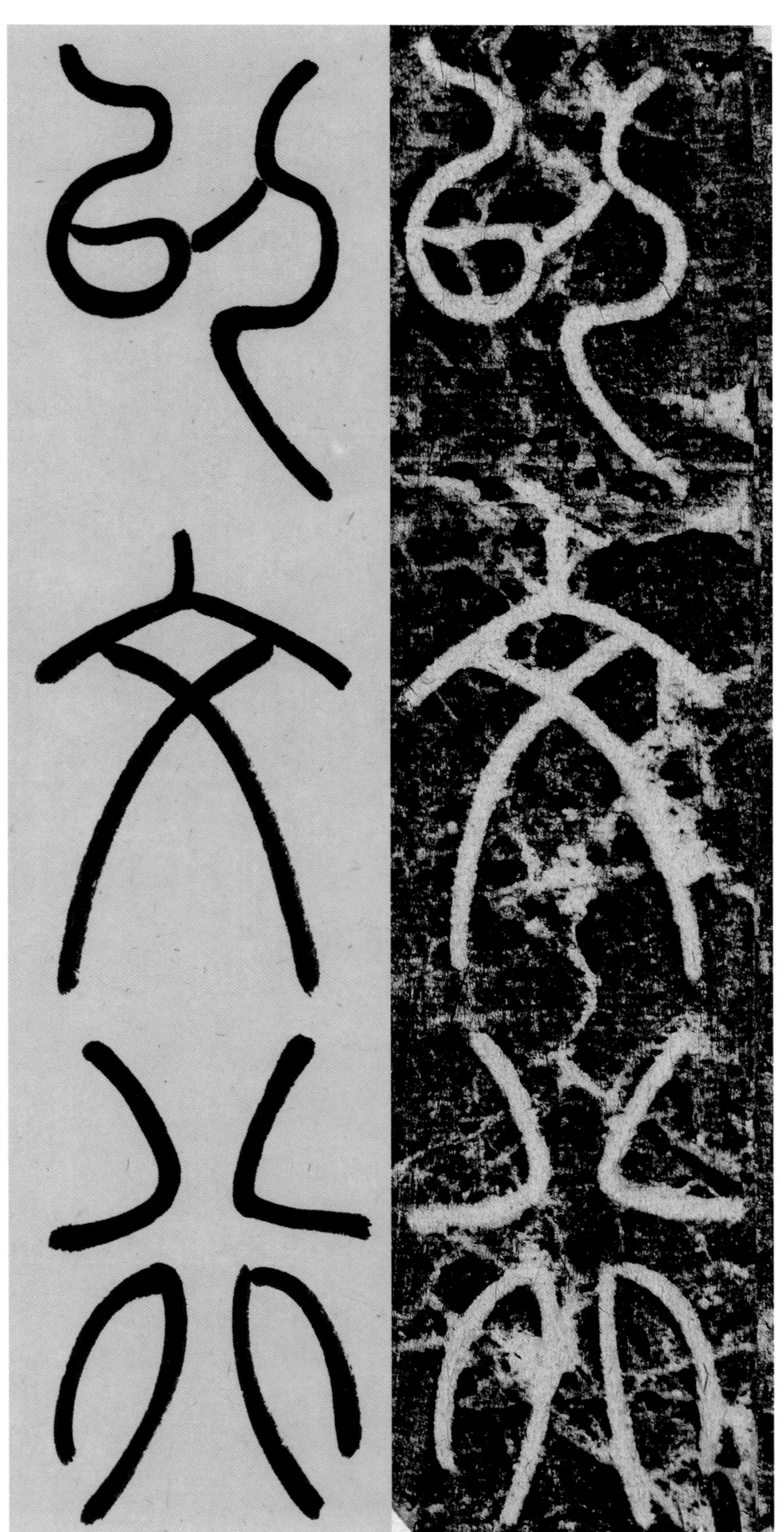

「始」字注意粗细变化，「调」字右部上窄下宽，「秘」字纵向空间排布均匀。

「书」字注意空间分布均衡；「正」字上方下圆，末笔斜势。

『授』字左右结构呈八字形向背关系，末笔右斜；『右』字上半部分左上倾斜，注意与『口』部的相对位置；『卫』字左右对称，中部收紧，空间分布均衡。

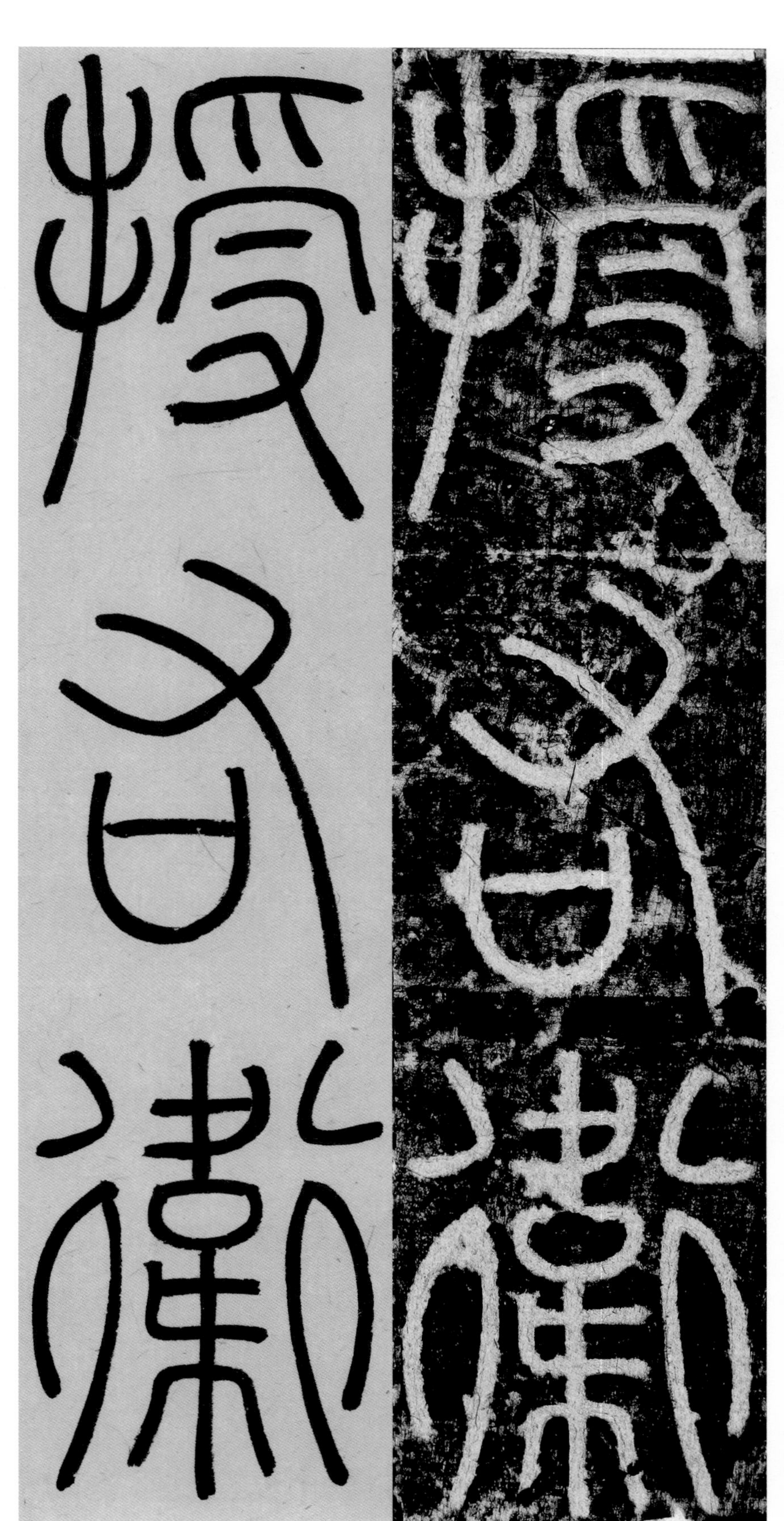

『骑』字『马』部横画平直，注意竖画弧度；『曹』字相同部件关系紧凑，『日』部上宽下窄；『转』字『车』部窄长，注意左右结构的相对位置。

『新』字左右重心错落有致；『尉』字左右两竖画对称呼应，横画间有错位关系。

『豪』字『口』部偏扁，注意中轴线与笔画的位置关系；『猾』字反犬旁长笔内收，『骨』部自上而下逐步打开；『未』字注意结构左右对称。

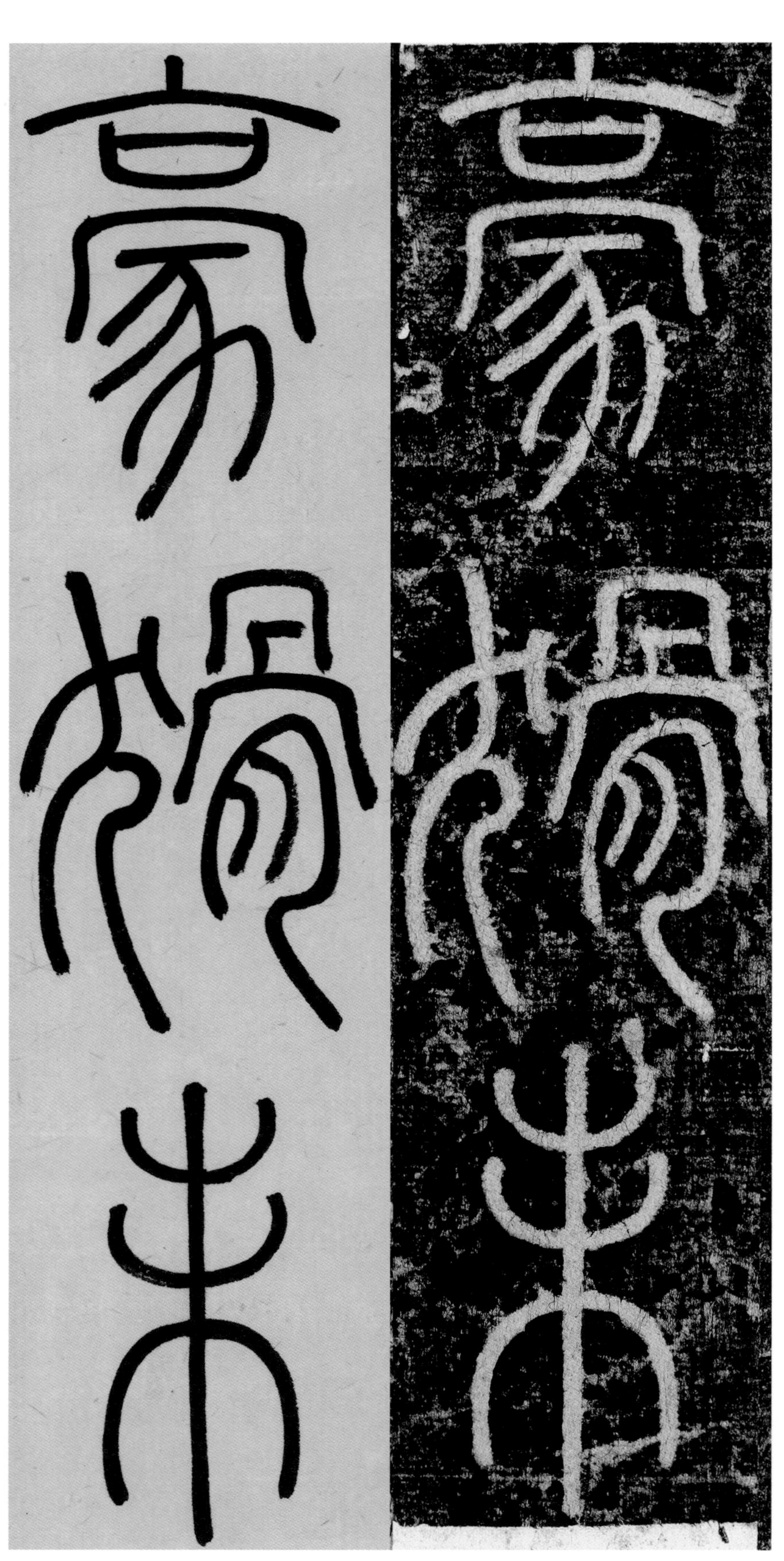

『孚』字结构修长，头部平，下部斜；『立』字中间两竖画相背；『信』字单人旁竖画略向左斜，左右结构错落。

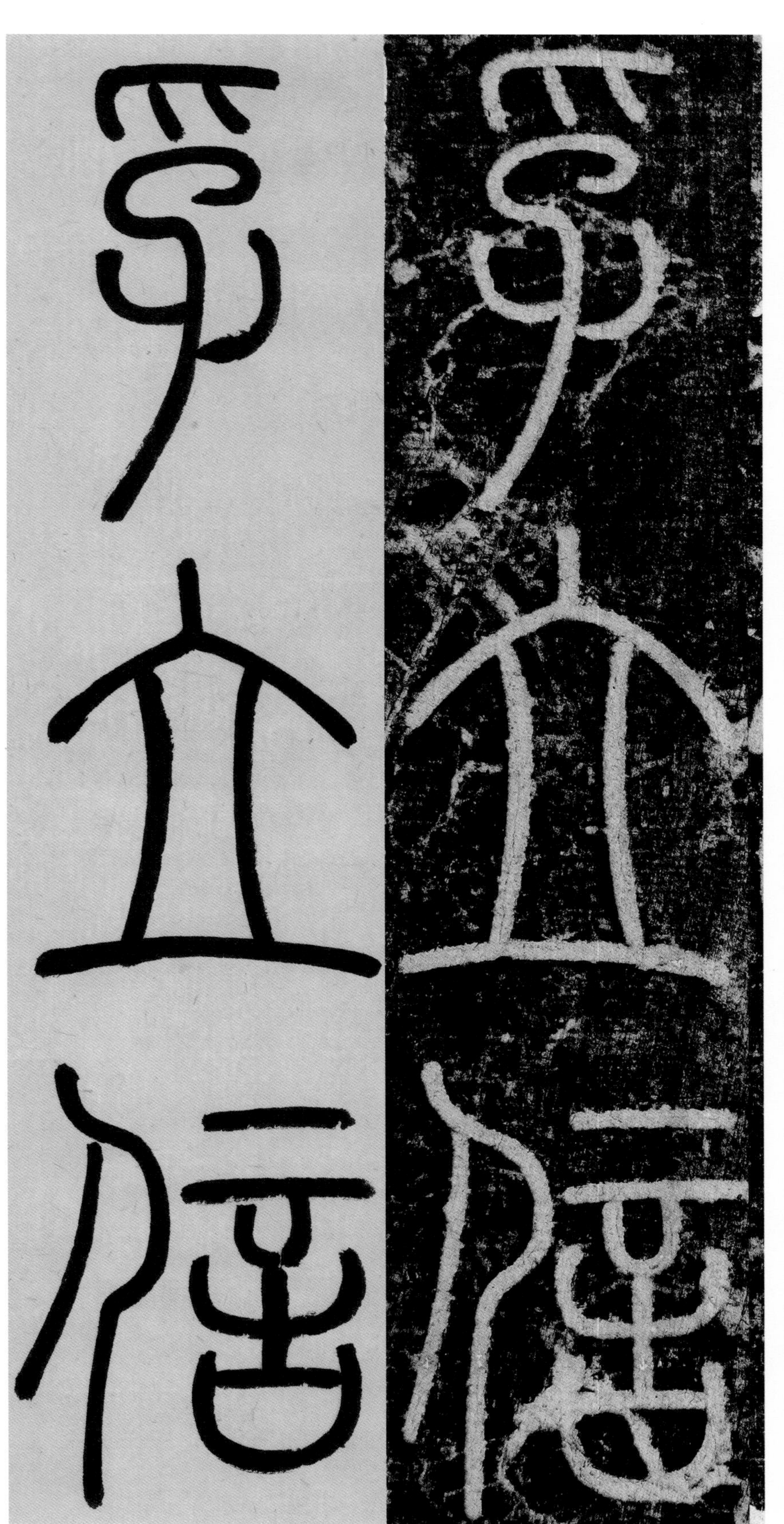

『示』字注意两横画拉开距离，左右对称。

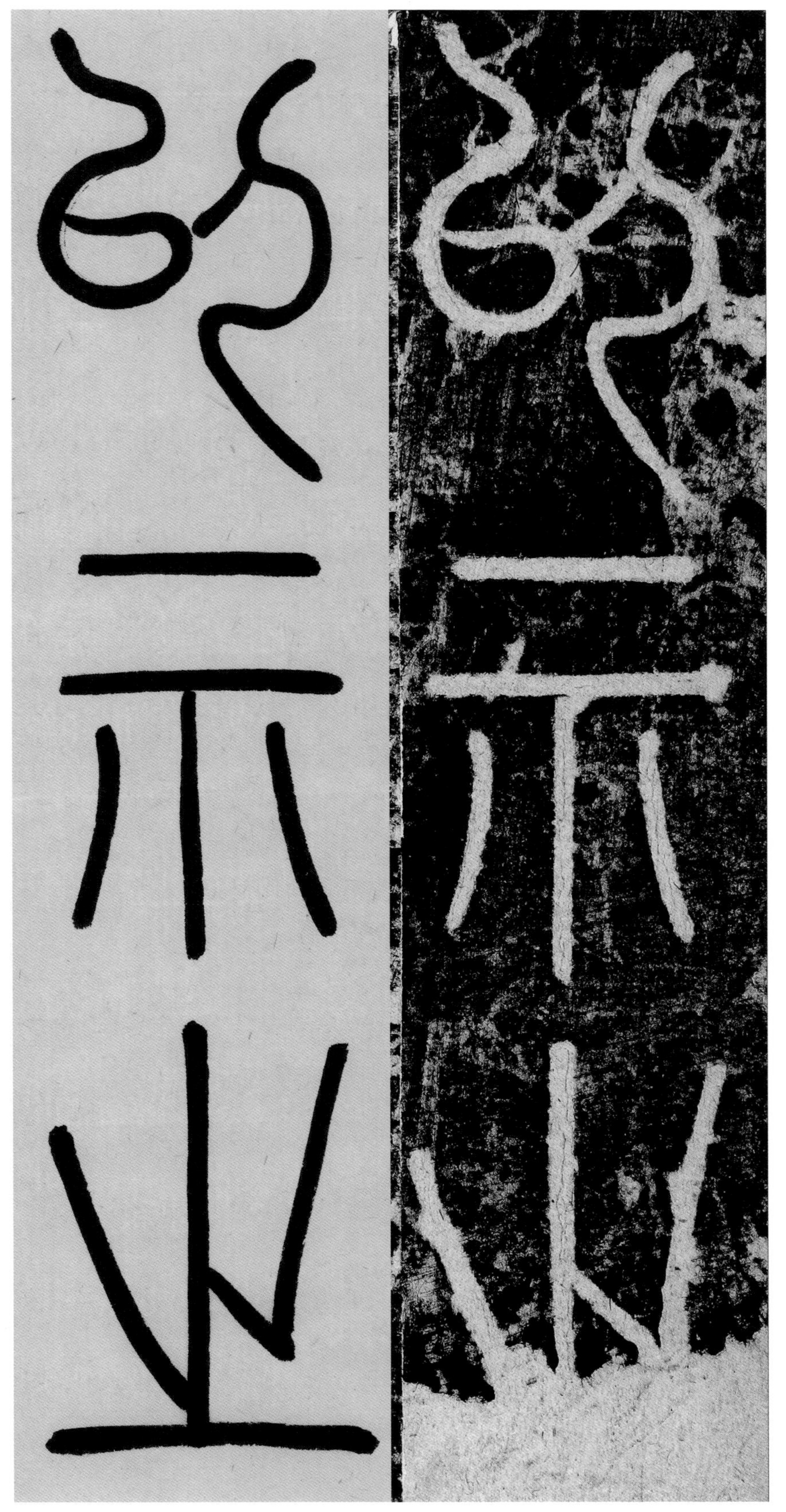

『礼』字左窄右宽，右边小空间分布均衡，上紧下松；『浮』字三点水笔画错落，注意用笔收放；『窳』字接笔处略断开，两『瓜』部末笔一短一长。

『未』『本』二字注意左右对称关系；『复』字右半部横画间分布均衡，撇捺两笔形成对应关系。

『仁』字单人旁圆转，左右结构错落有揖让。

『义』字横画间排列均衡，注意长短关系变化；『领』字『令』部下方偏左，『页』部右倾。

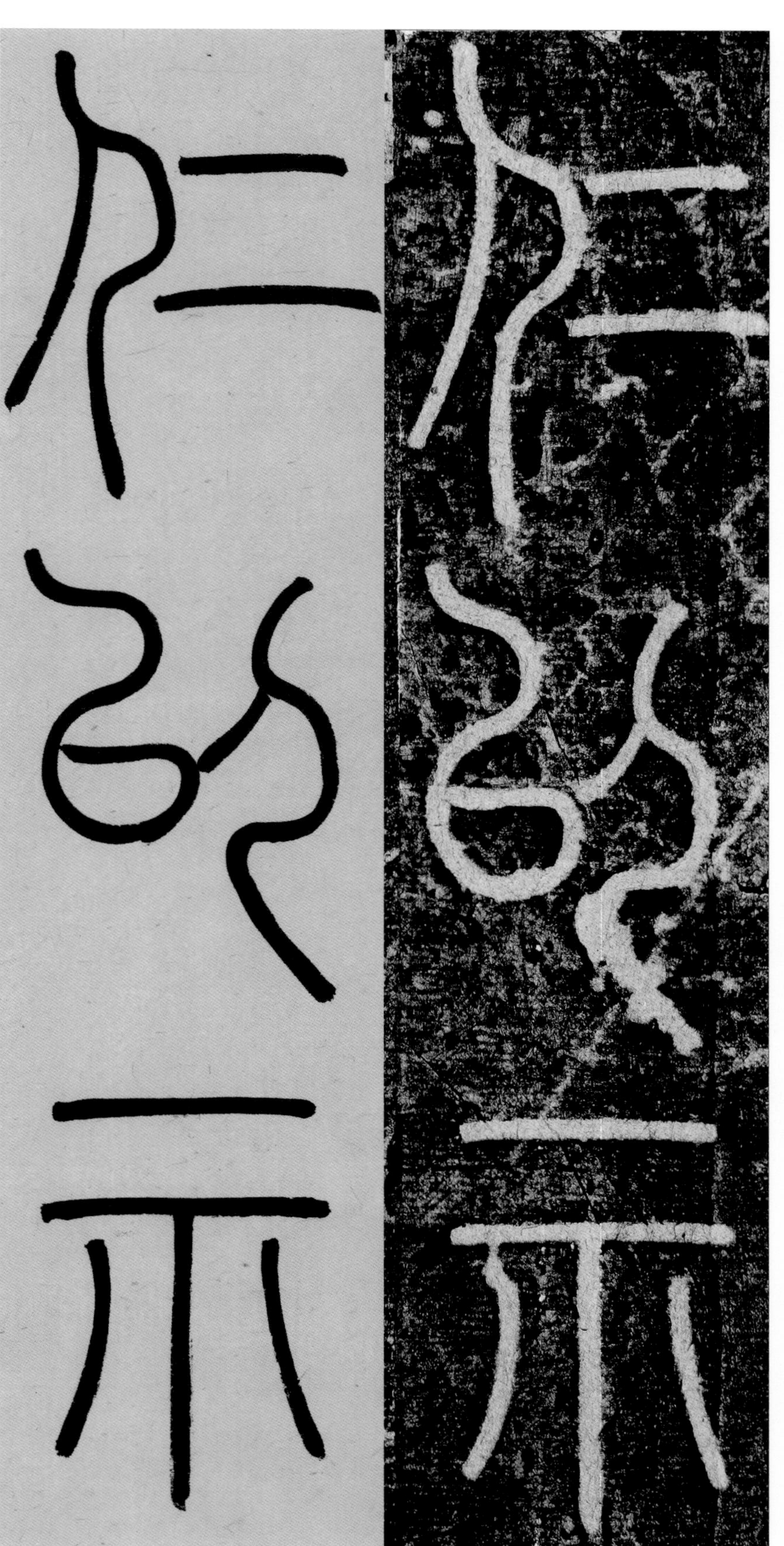

「长」字结构修长，右侧末笔内收；「安」字「女」部上紧下松，注意空间分布；「尉」字左右长笔对称，空间分布均衡，重心偏上。

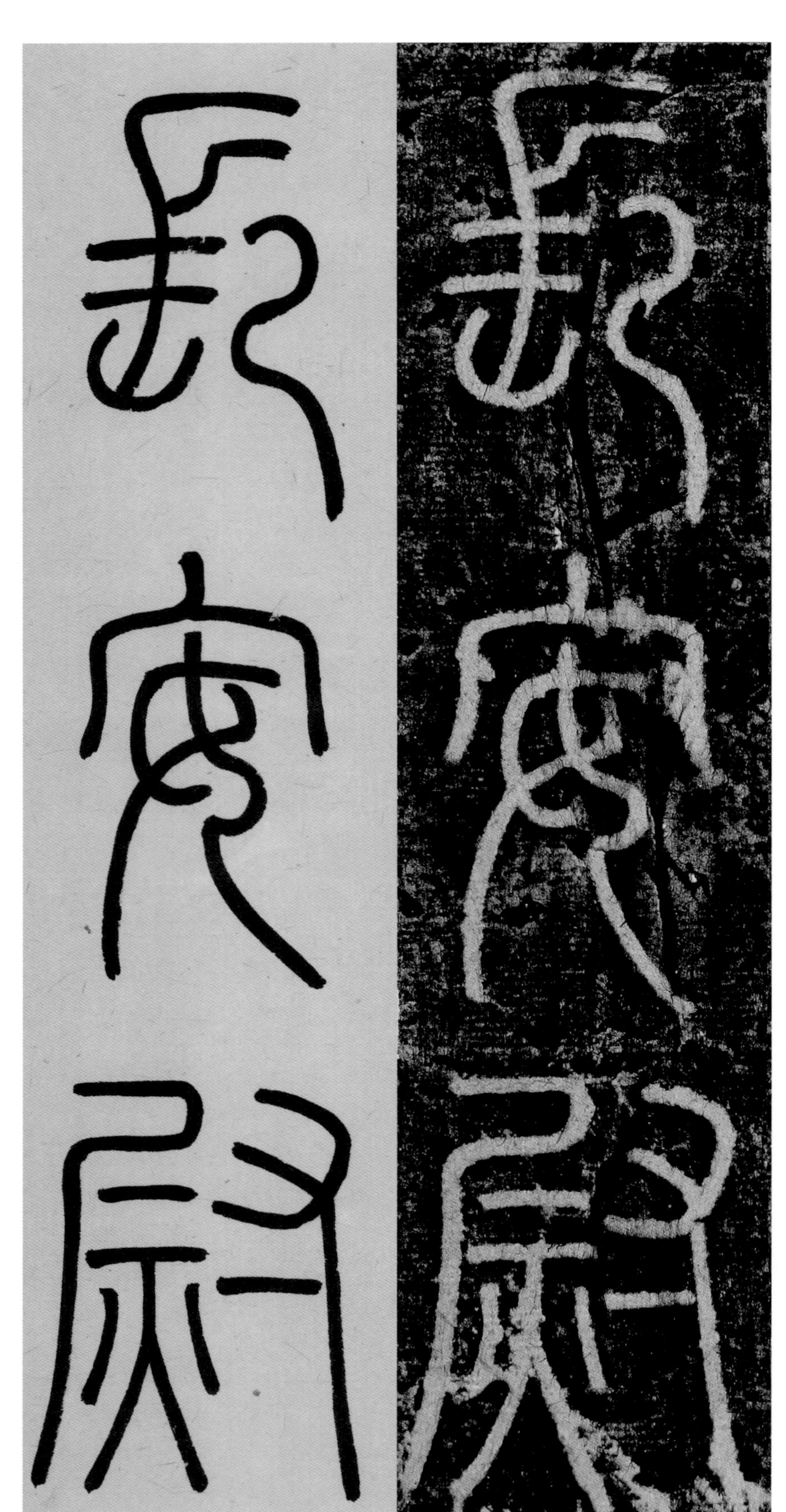

「直」字「目」部上方下圆，两竖画略外拓，末笔饱满；「京」字上部圆润且弧度相向，两竖画内收且向下打开；「师」字注意左右的错落关系。

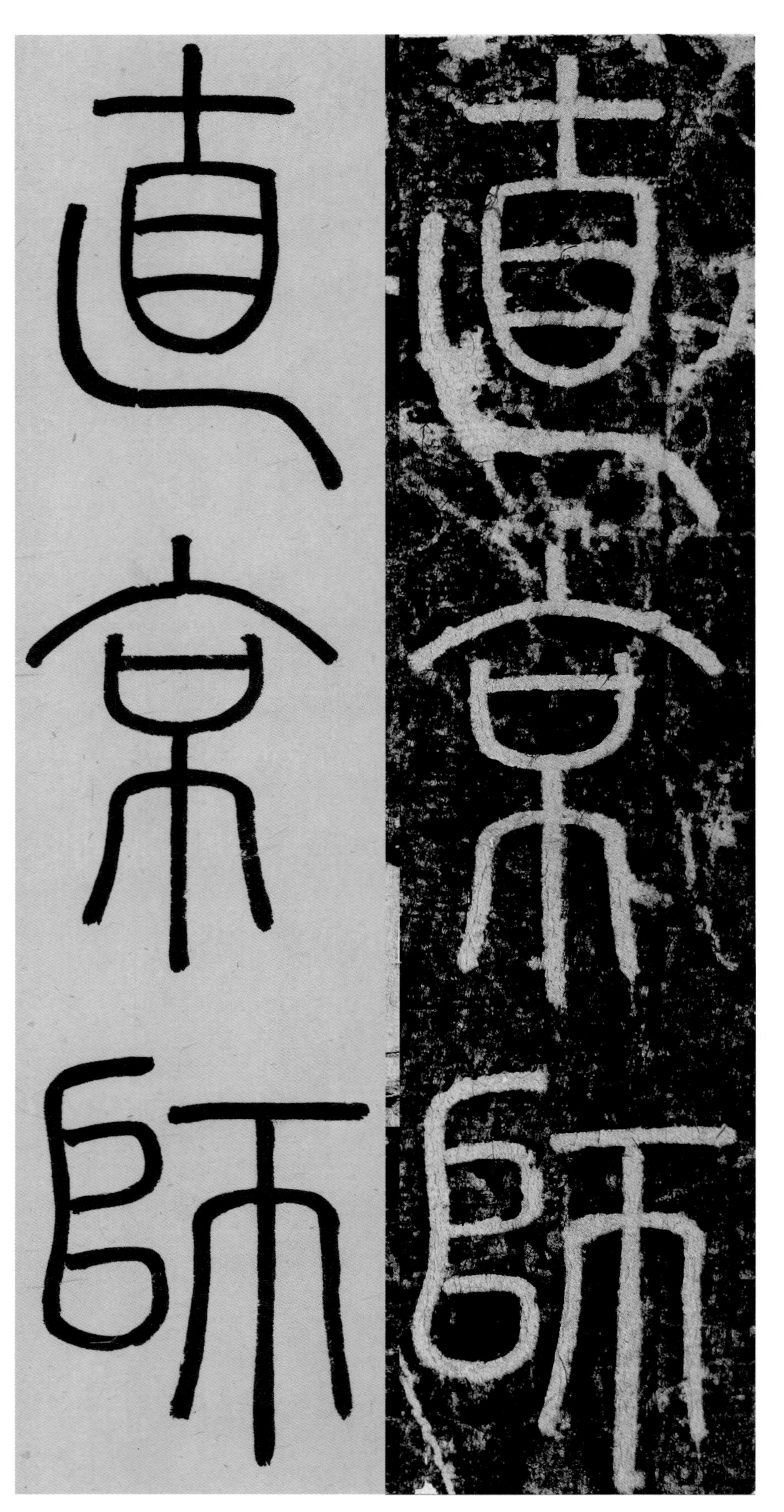

「浩」字注意三点水姿态与方向；「穰」字左窄右宽，多笔画处空间分布均衡；「决」字注意左部两短横的位置，右部横画有斜势。

「贼」字右半部整体向右倾斜，「刀」部左斜；「繁」字「每」部结构修长，内部空间分布均衡。

『剧』字左高右低，虎字头上宽松下收紧；『有』字上方圆笔注意角度，『月』部左倾。

『断』字注意相同部件的空间分布与用笔变化，『焉』字注意用笔使转、调整笔锋与空间分布均衡。

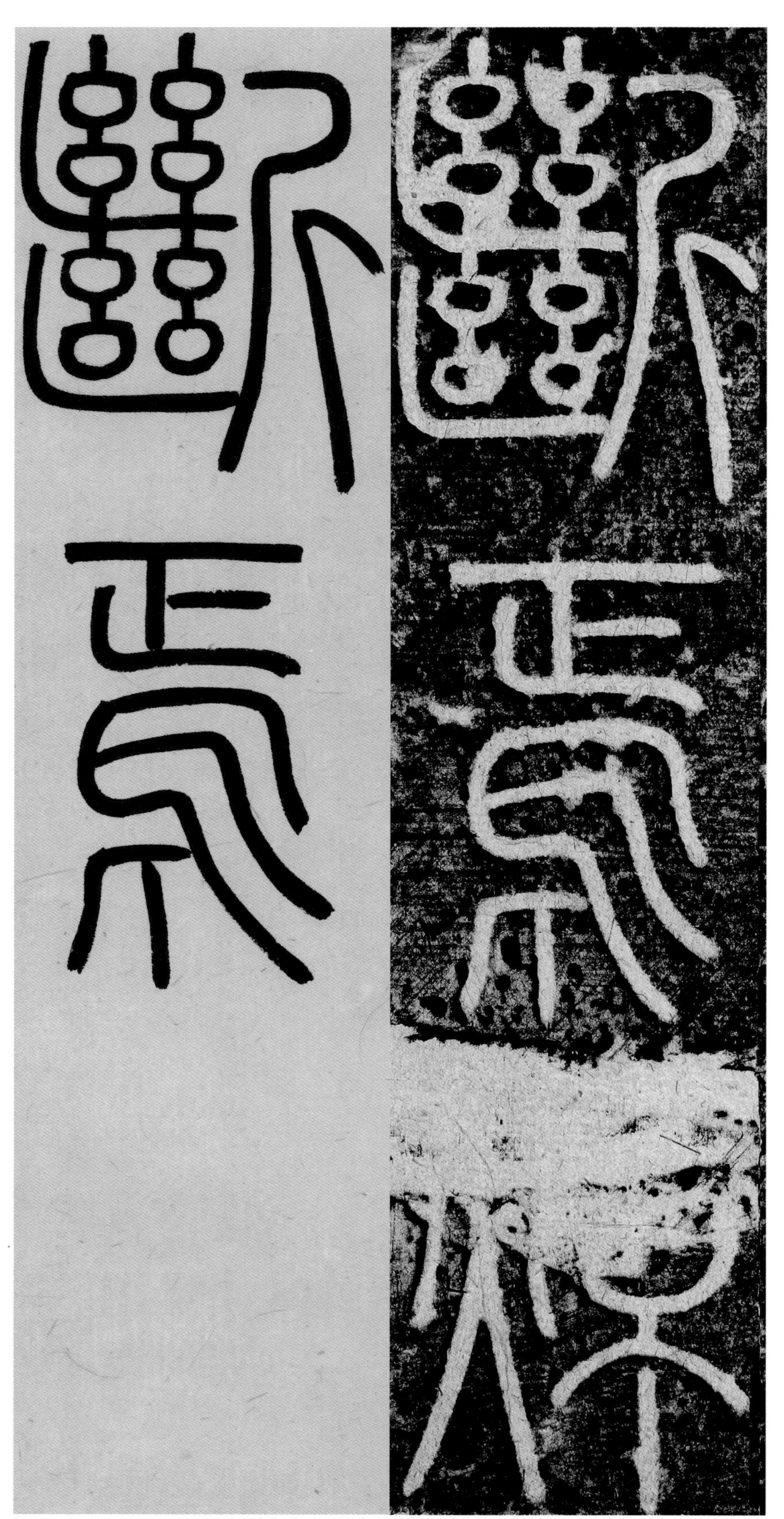

『见』字上部饱满，下部舒展；『焉』字空间分布均衡，方圆分明；『左』字头部偏方。

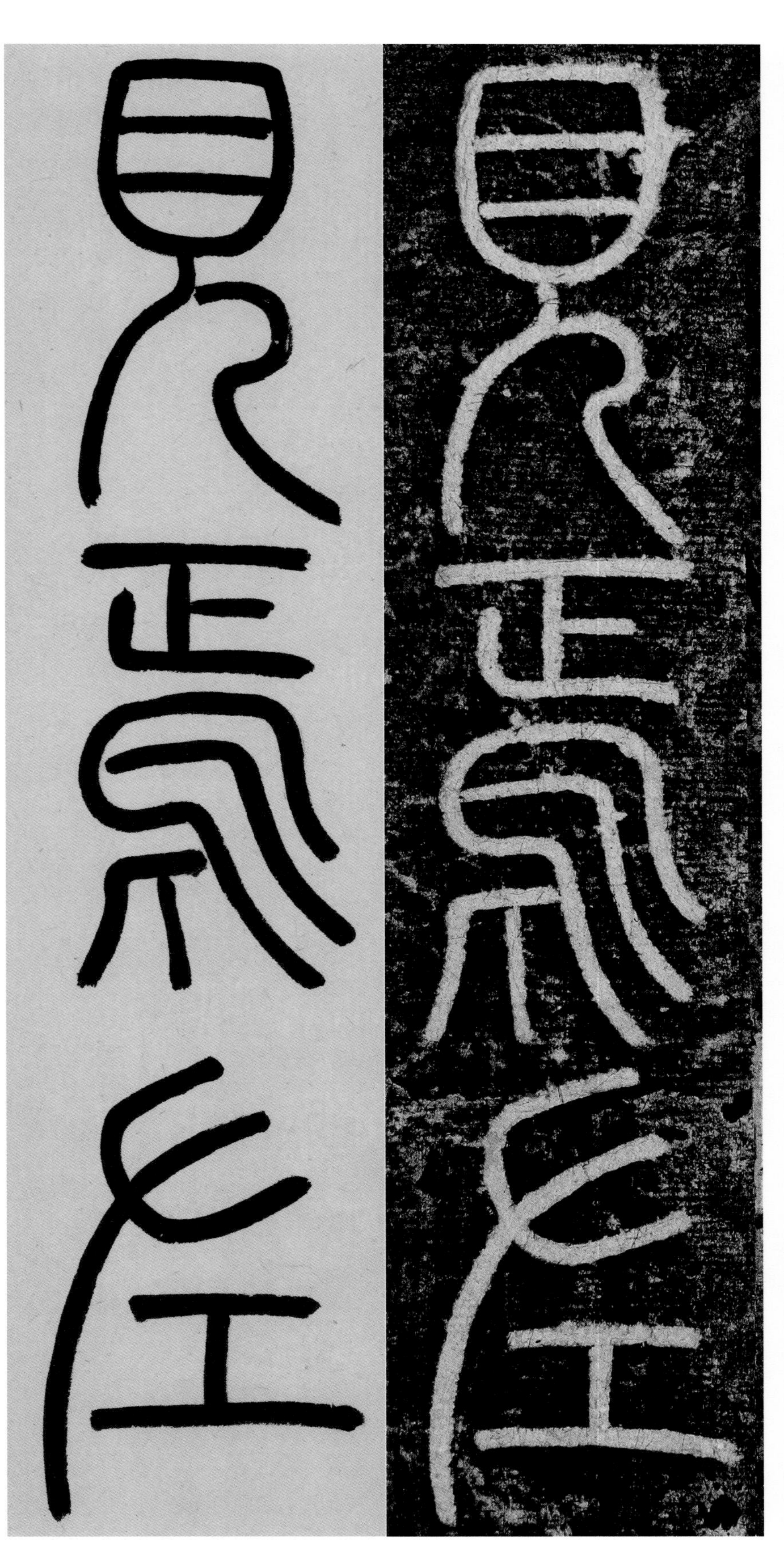

『迁』字走之旁注意笔画的下斜与平直，右半部分上方收紧，空间分布均衡；『晋』字两『立』字对称，上下结构略空。

『郡』字左边结构修长，『口』部收紧；『户』字结构平正，注意长笔弧度；『椽』字左窄右宽，右侧下方起笔偏左。

『赋』字『武』部两长笔注意弧度；『乐』字上部『白』字重心偏上，结构左右对称。

『府』字单人旁短竖与左侧相互揖让；『廿』字字形纵长，中间接近椭圆状；『四』字两侧外拓，中间收紧。

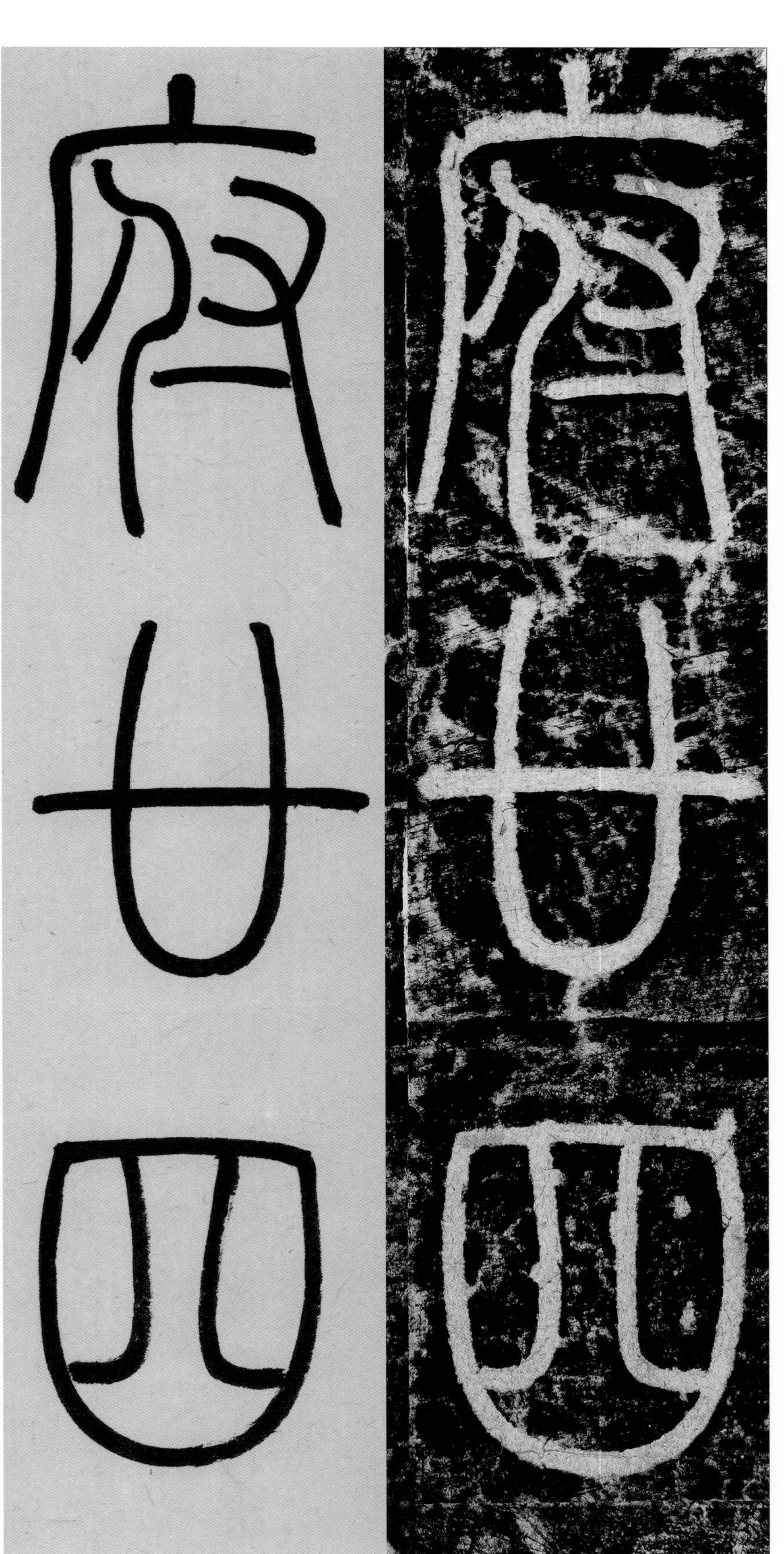

『章』字字形窄长，『日』部扁平；『史』字注意方圆对比，上平下斜。

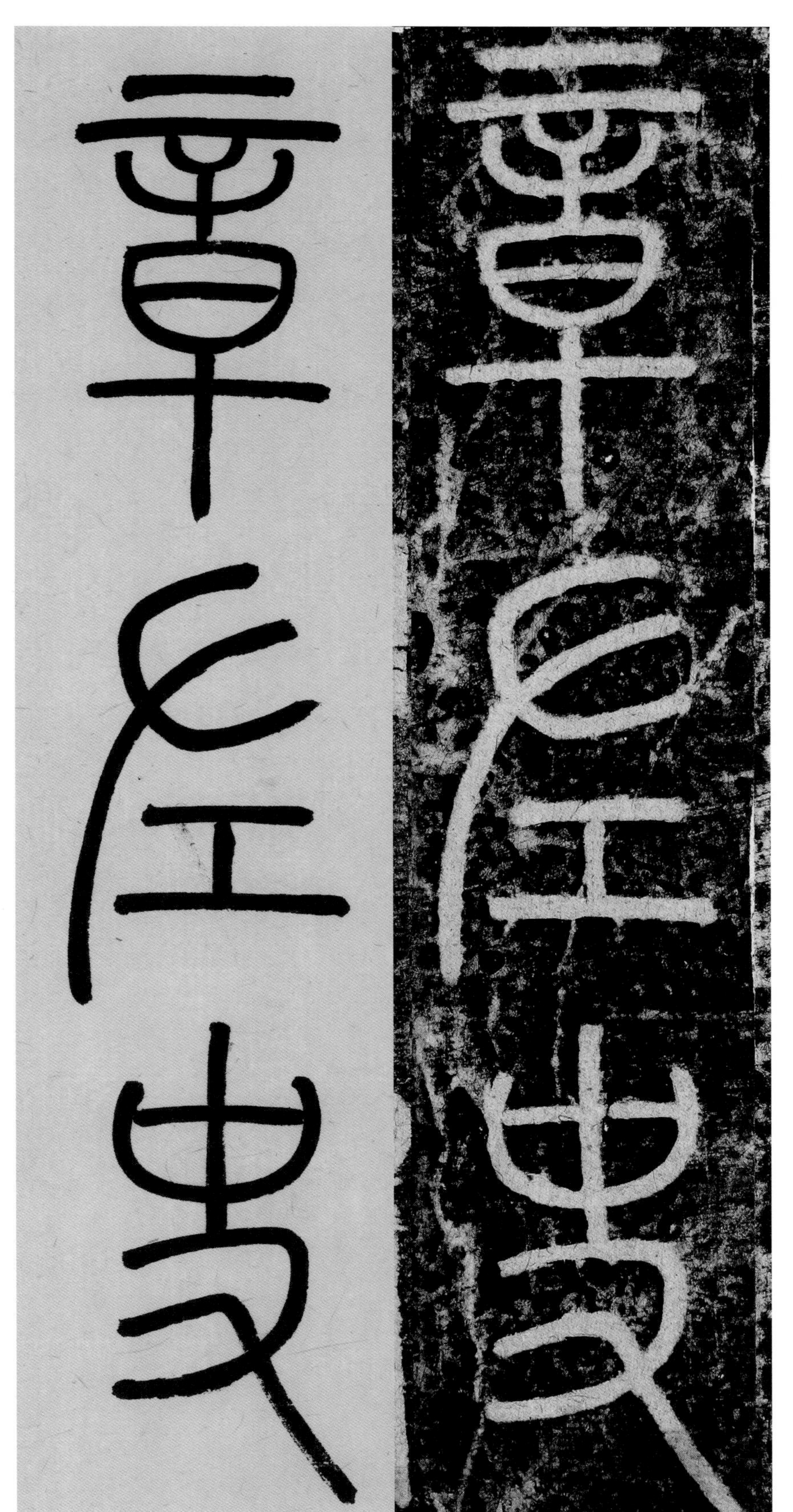

「韦」字中心线稳定，「口」部略大，空间分布均衡；「嗣」字竖画排列均衡，两侧注意收放，右半部分疏朗。

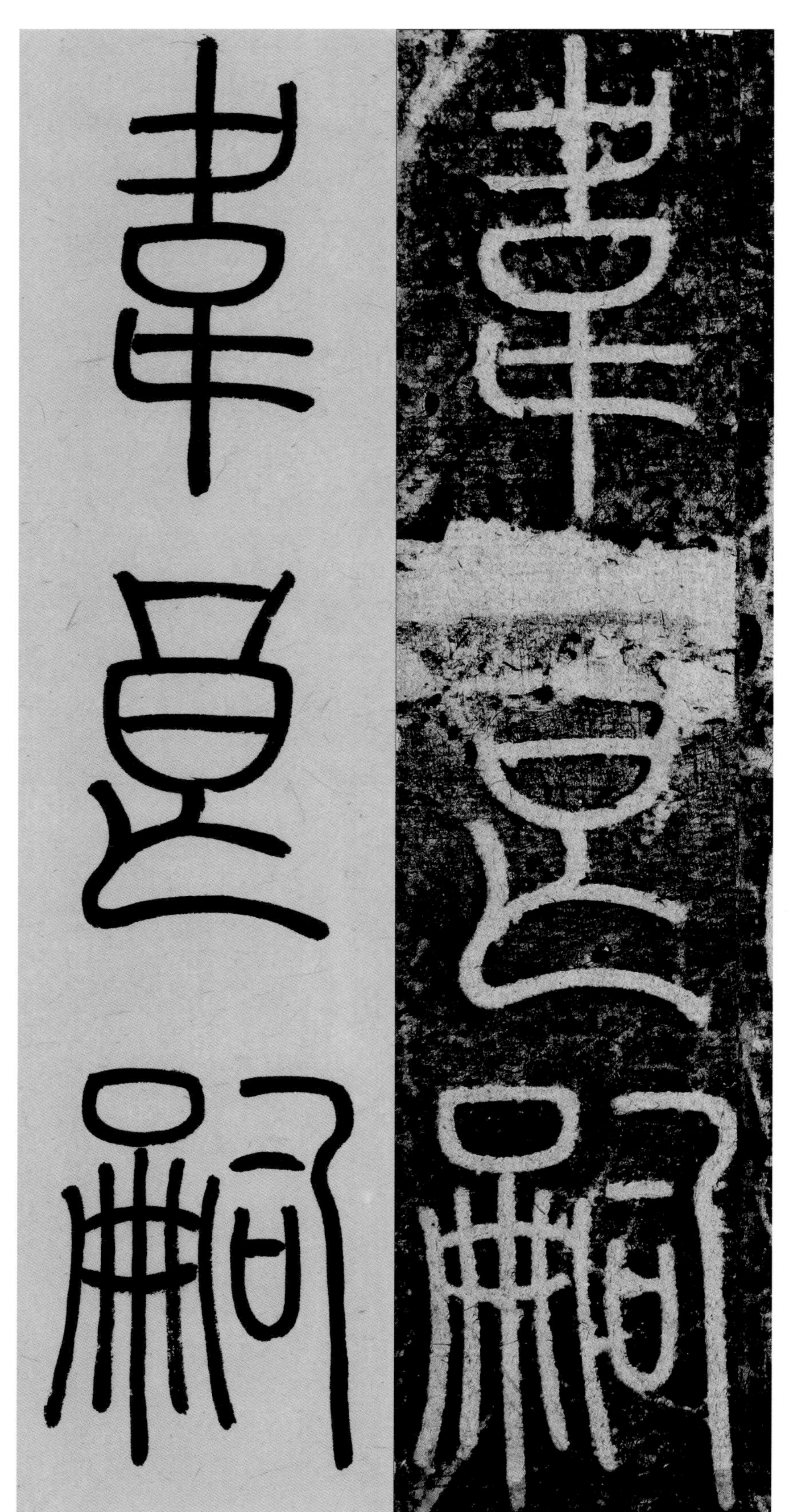

「为」字中间收紧，笔画宛转，下方呈散开状；「叙」字左高右低，空间分布均衡。

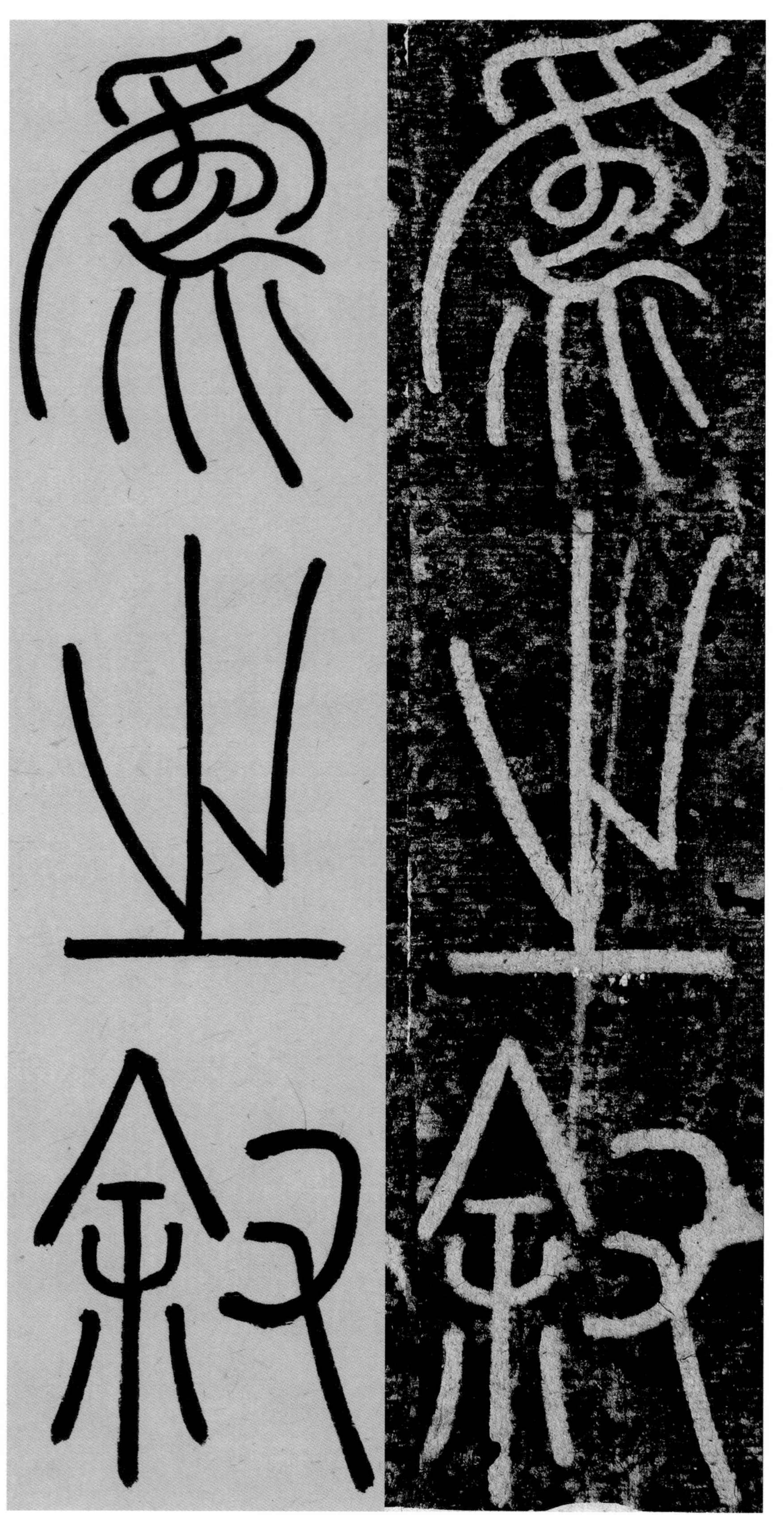

『文』字起笔与两笔交叉点在中心线上，左右对称；『集』字笔画较上下两字略细，『隹』部注意大小变化。

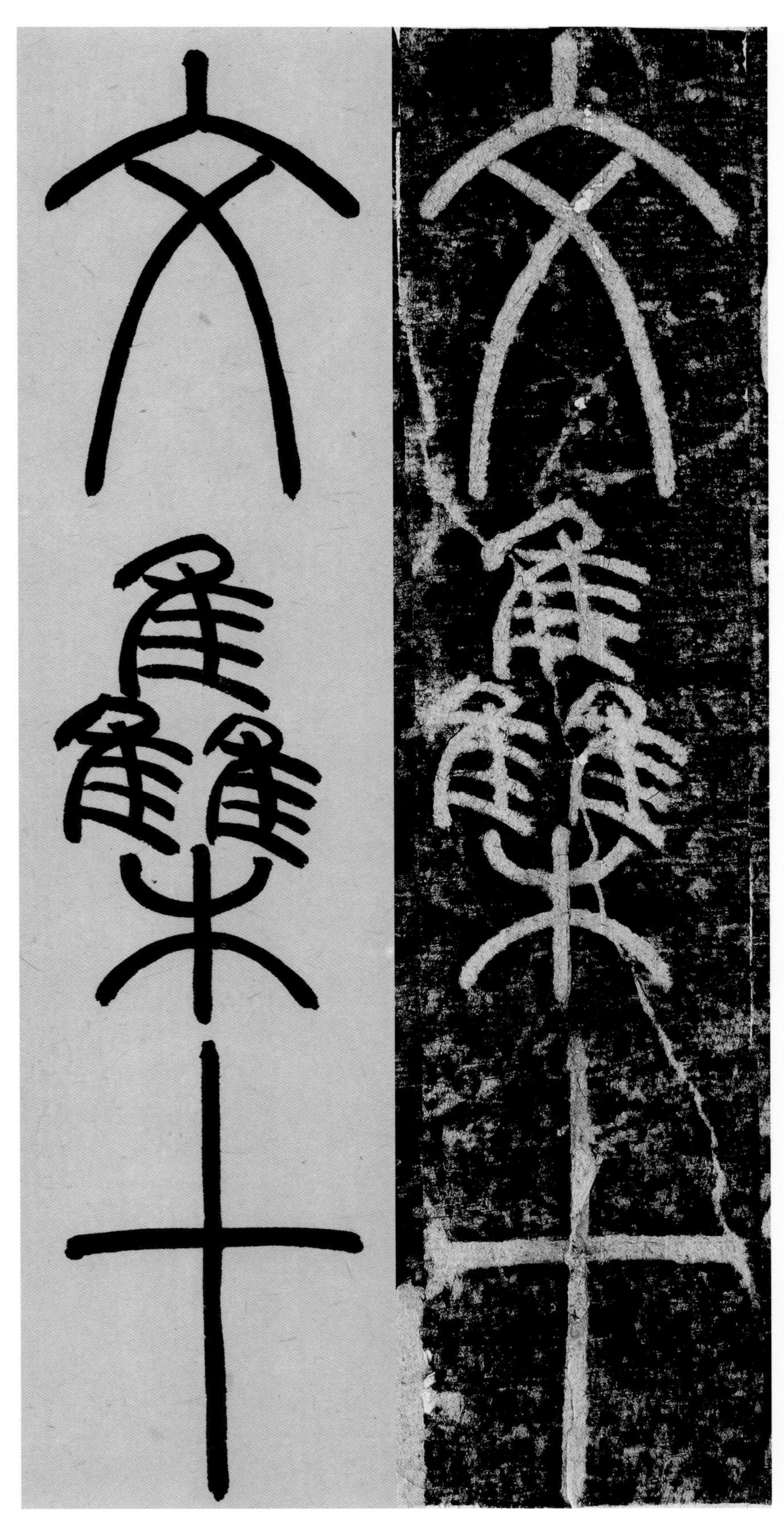

『卷』字以『十』字为框架，左右对称，转笔略提。

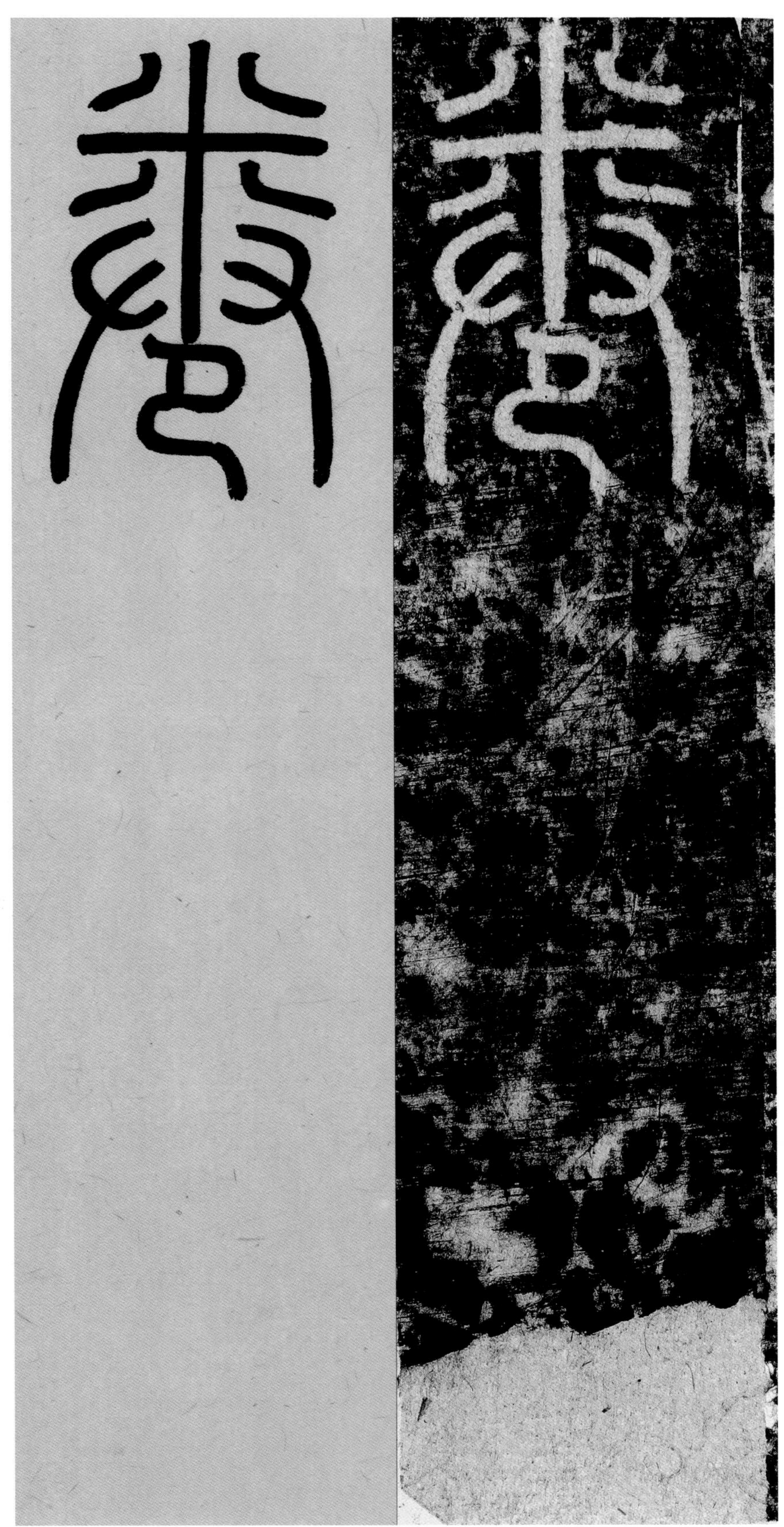

『卿』字重心稳定，左右对称。

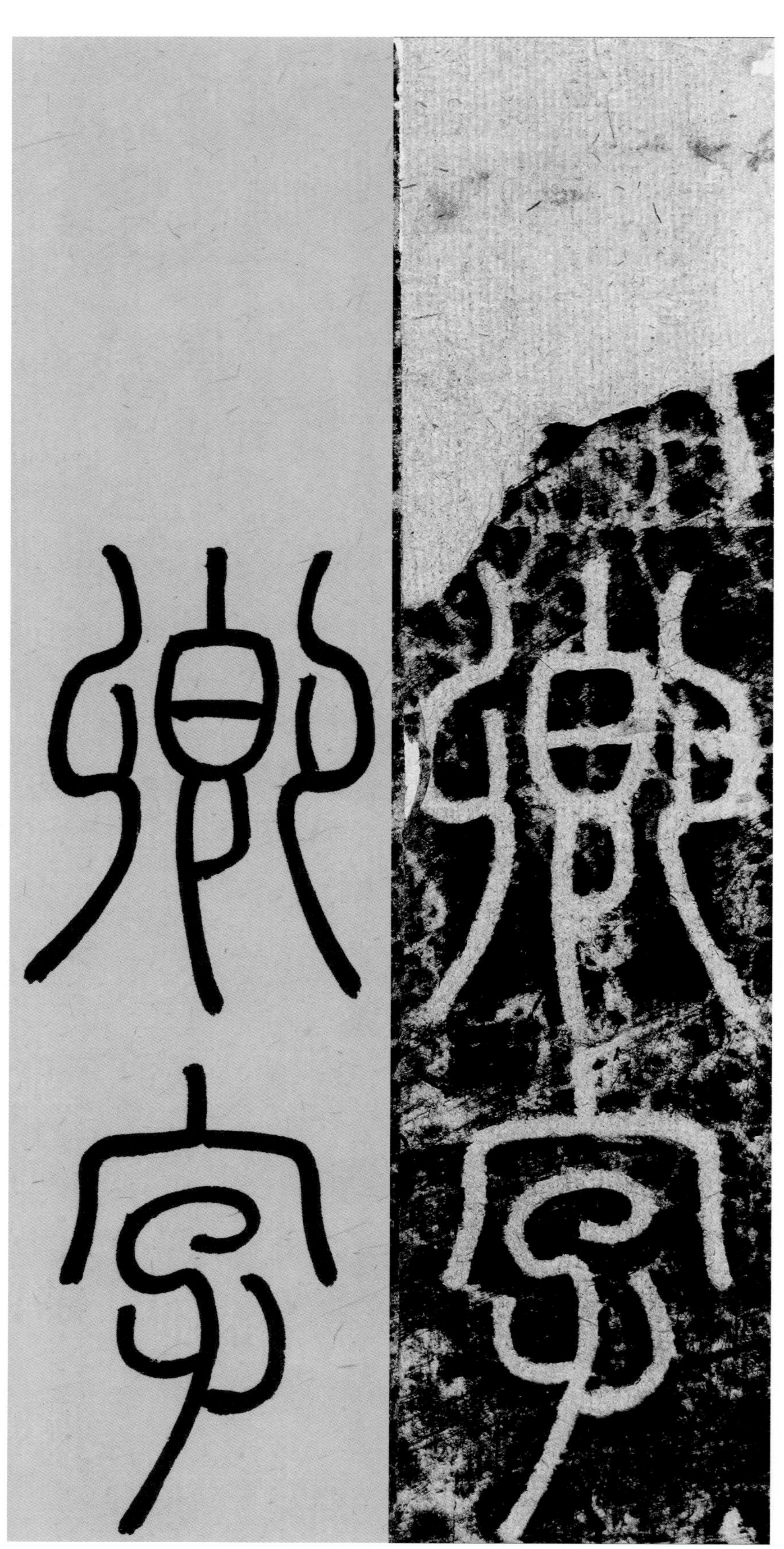

『万』字中间扁平收紧，横画上斜，注意弧线间的方向关系；『骨』字连接点分离，注意空间流动。

『琅』字左右高度一致，左窄右宽，注意方圆对比；『德』字字形向右下倾斜，『心』部紧凑，重心偏上。

『蔚』字左右结构分别向右上右下倾斜，两长笔中部内收。

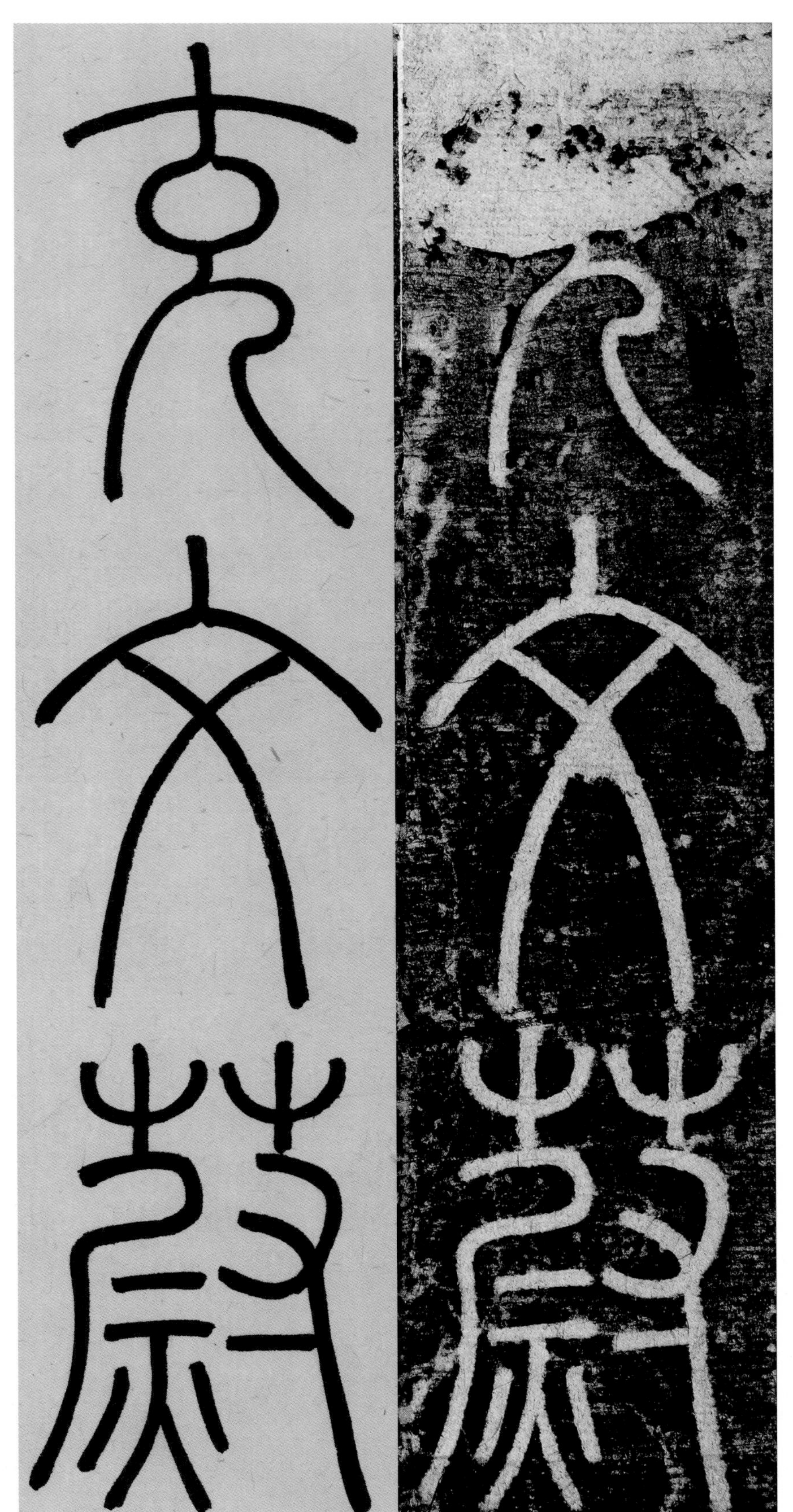

「识」字「言」与「音」结构处理略同，字形瘦长，结构紧密；「度」字「廿」部平正，横画左短右长，「又」部取斜势；「标」字左窄右宽，右部注意中心线位置。

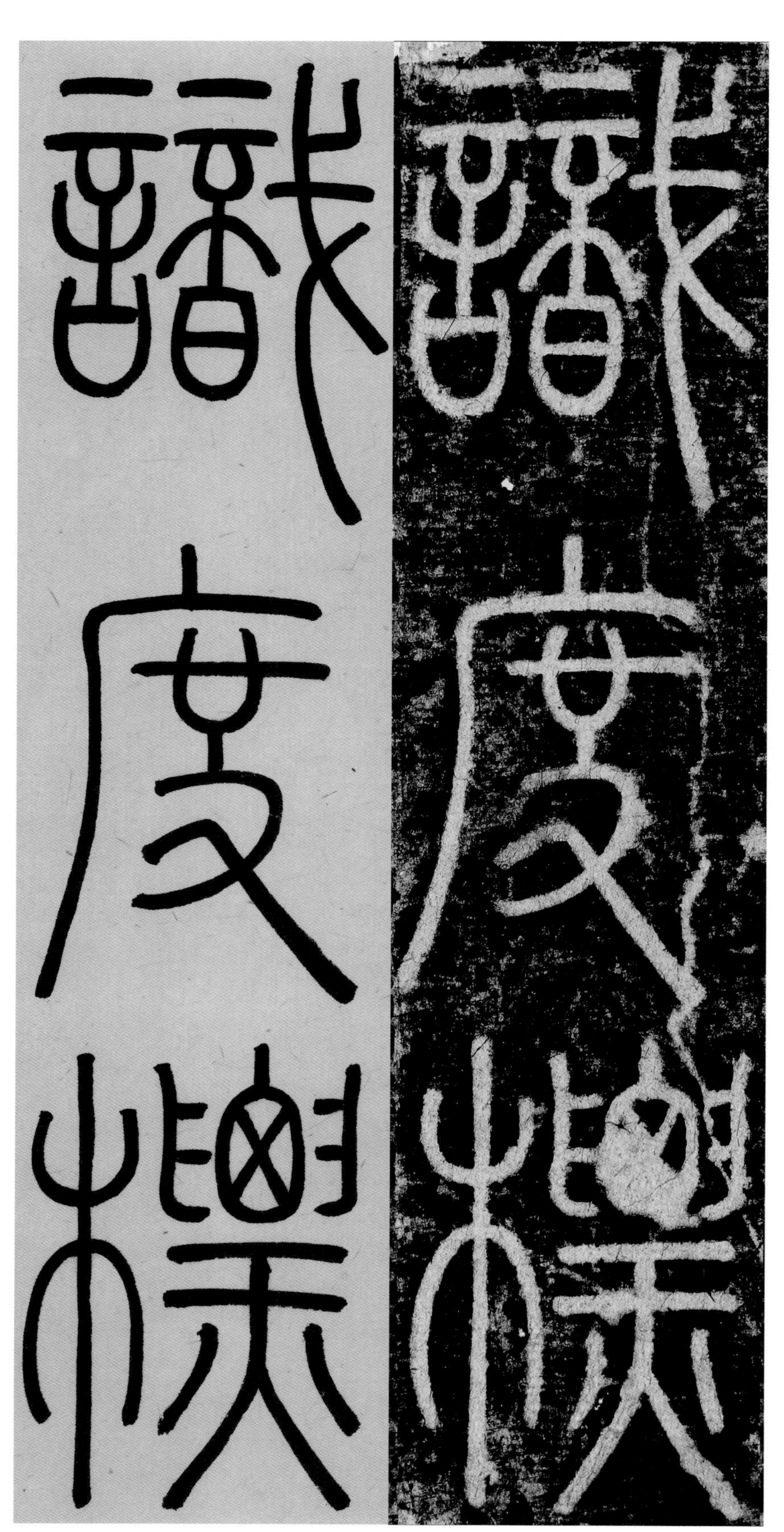

「迈」字「万」部较独体字斜度加强，整体空间分布均衡；「弱」字左窄右宽，三撇画略有弧度。

『明』字四个竖画空间分布均衡，注意末笔长度。

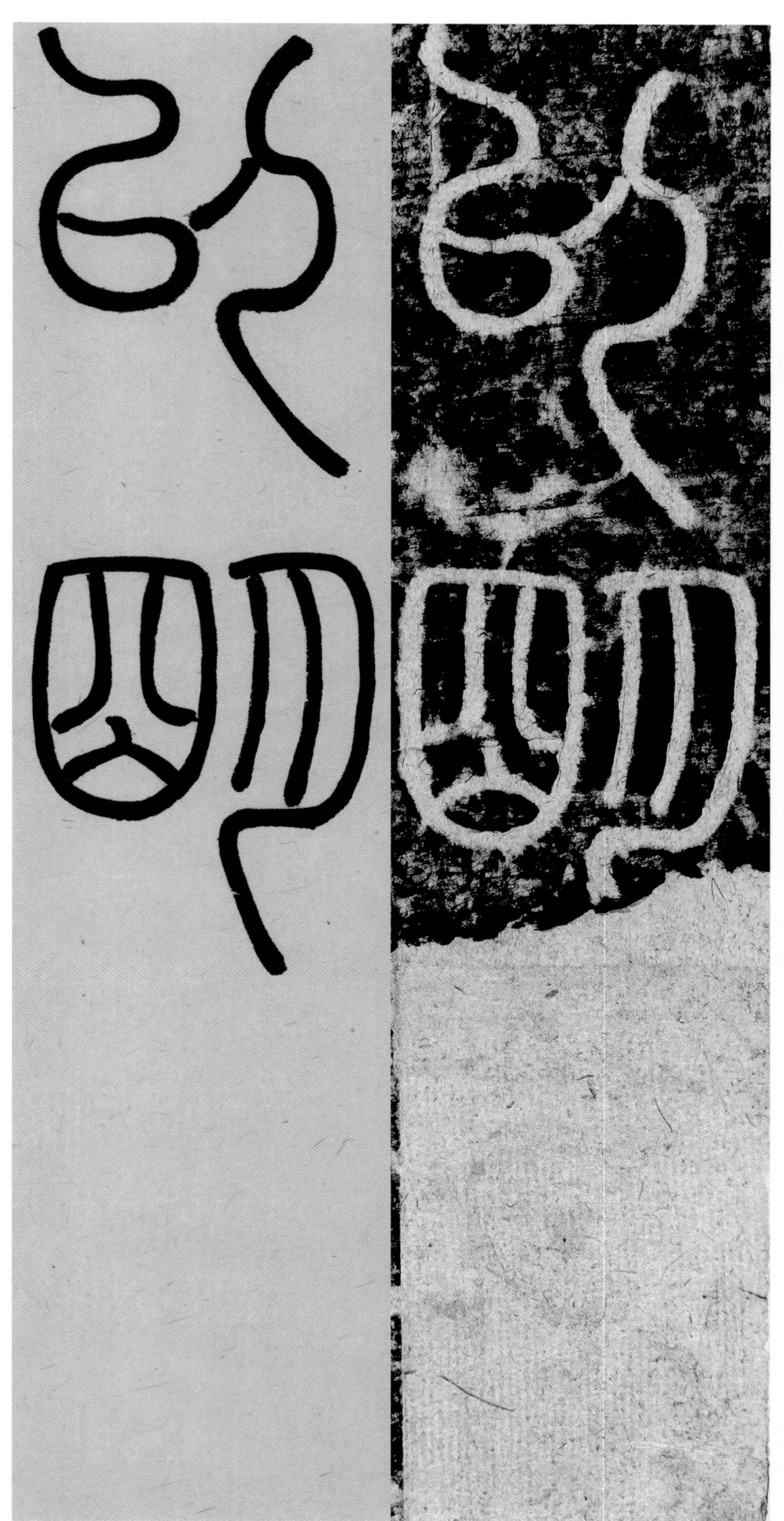

『国』字两侧外拓，内部空间分布均衡；『苙』字上下结构穿插揖让，『立』部上提。

『鹿』字『止』部对称，三角形部分外拓，四短笔舒展；『邑』字下部外拓，使转灵活；『虞』字横画紧密，空间分布均衡，注意四竖画有向背关系。

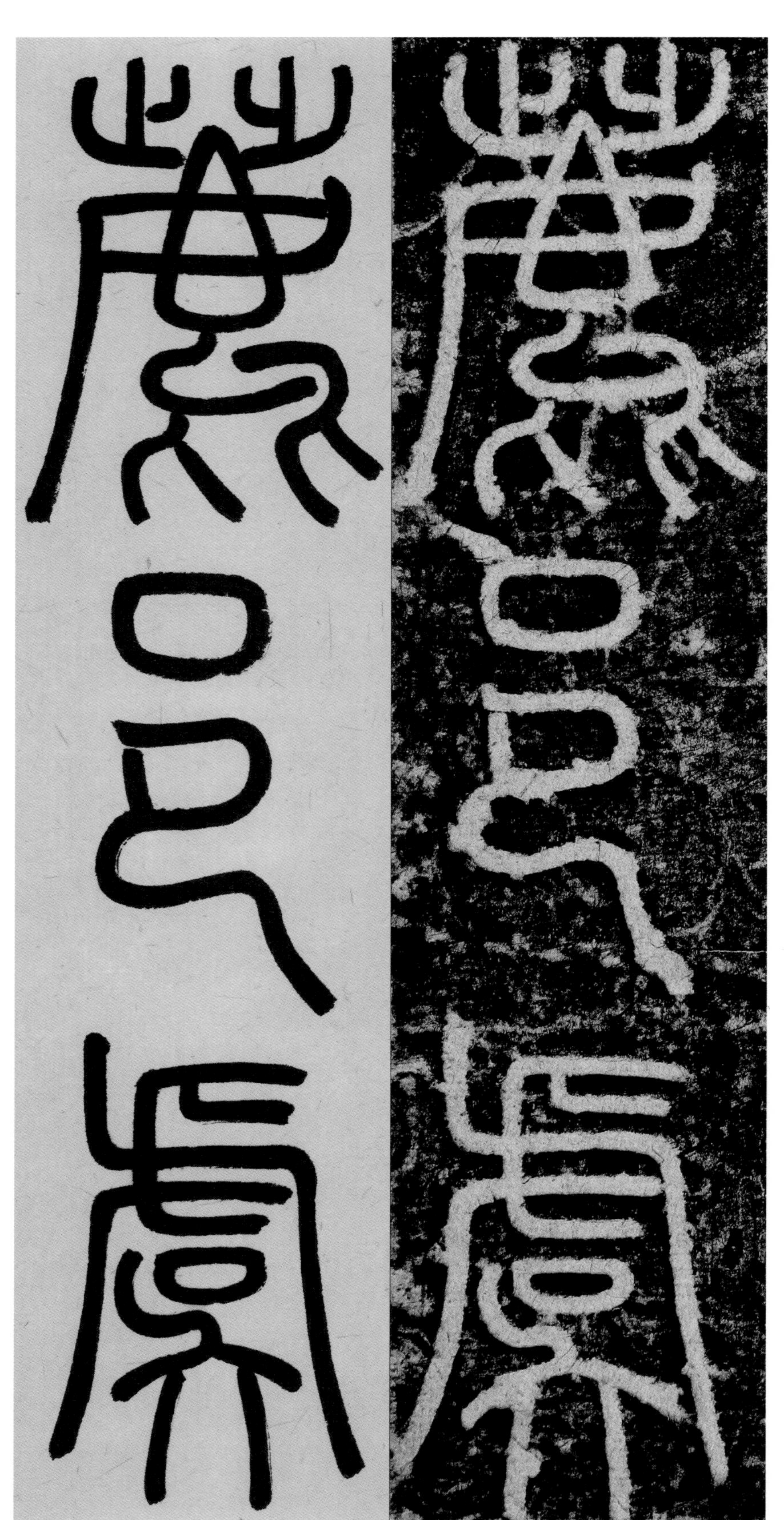

『乡』字结构紧密，左边略曲，右边略直。

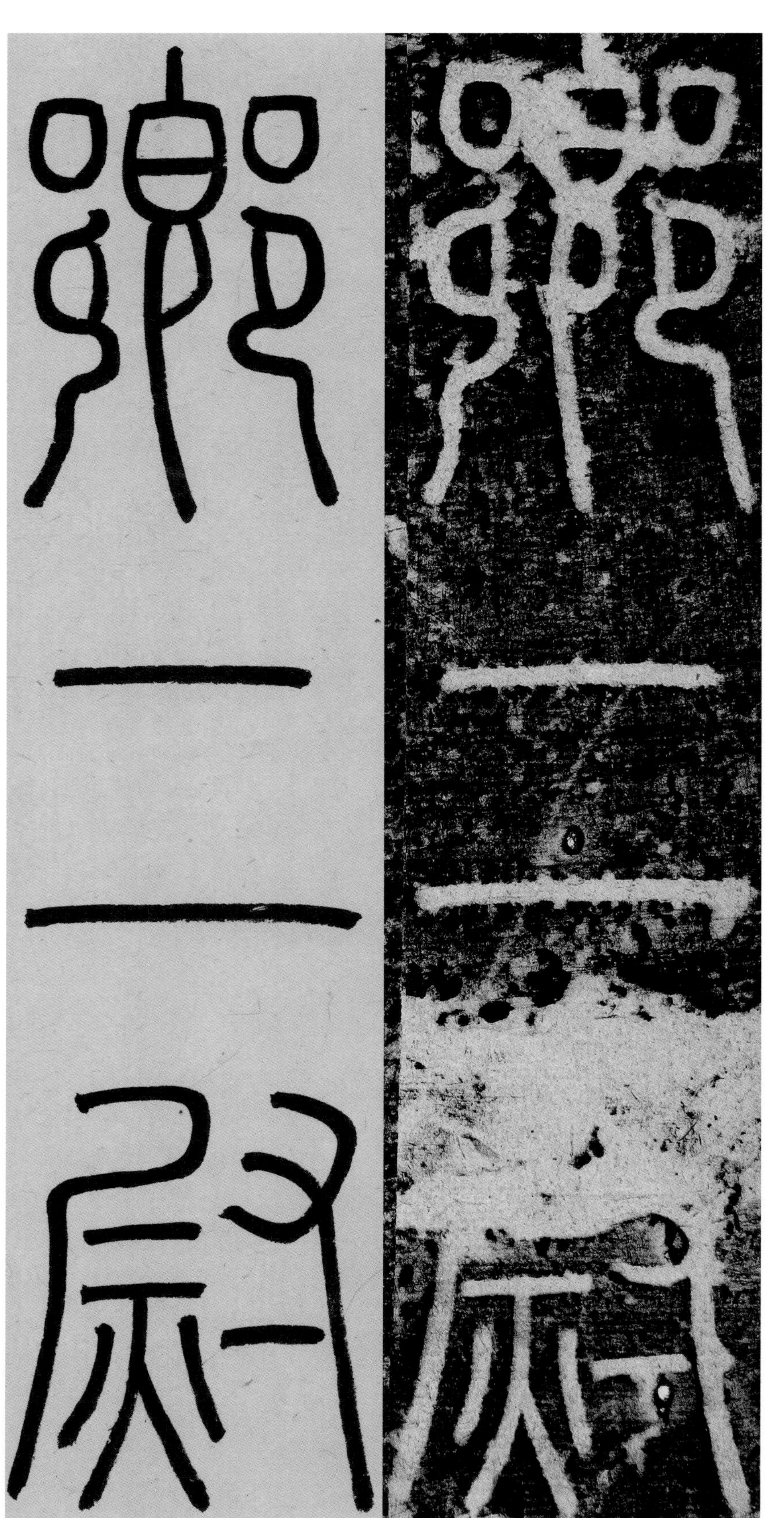

『巍』字注意方圆变化，空间分布均衡；『守』字『寸』部四横画由短至长略倾斜；『崔』字重心中间偏上，注意四横画弧度，由紧到松。

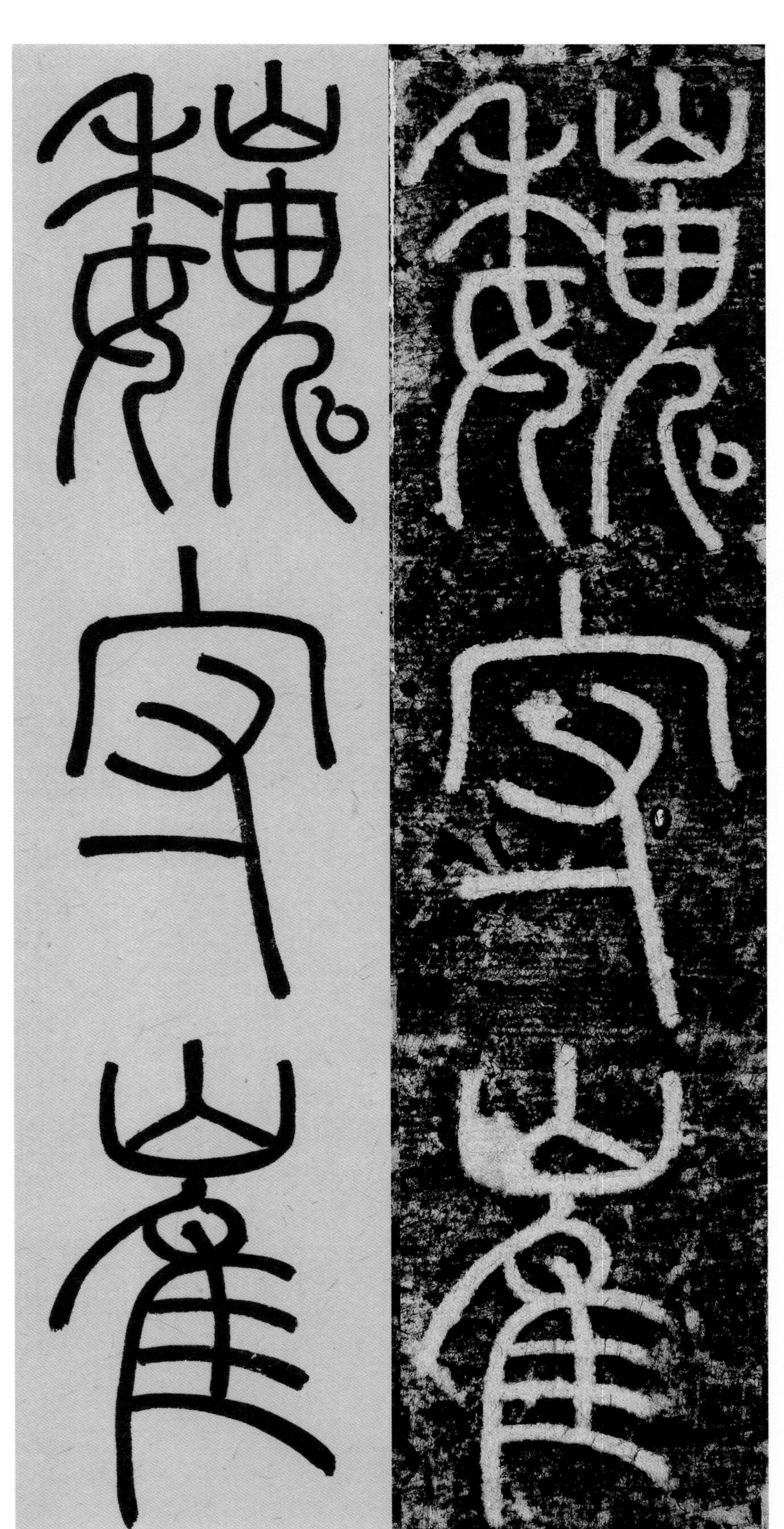

『公』字左右对称，『口』部方中带圆；『洒』『洎』二字三点水左高右低，注意空间分布、曲直关系。

『相』字左高右低，结构紧凑；『晋』字左右对称，横画间距离一致。

『公』字中间收紧，左右对称，『口』部上方两角略方，下方略圆。

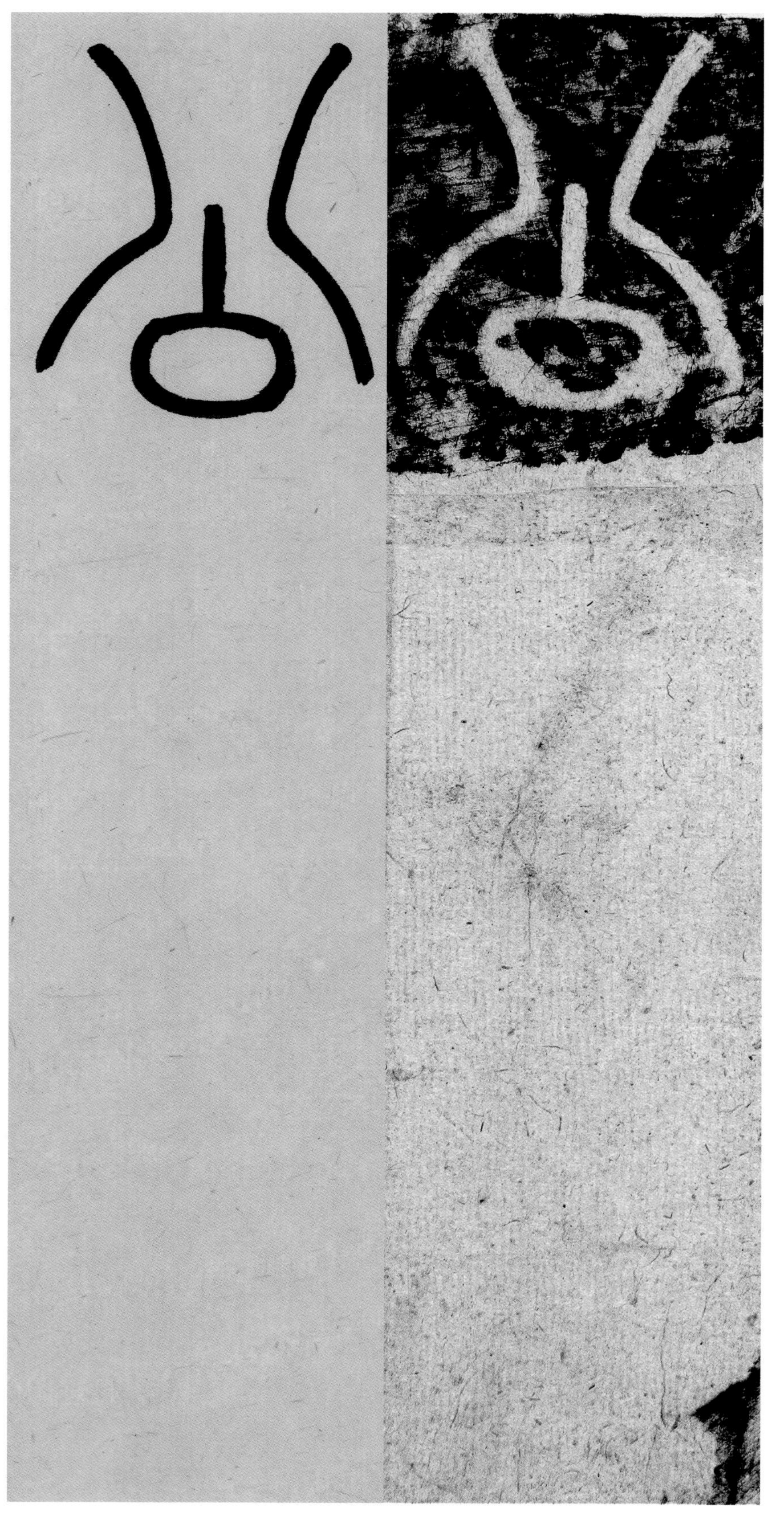

「甲」字紧而不闷，「科」字右部倾斜，「茅」字注意中锋使转和空间分布。

「进」字中间长竖略向右倾斜，注意四横画弧度，由紧到松；「等」字上中下结构由密到疏，「寸」部注意方圆对比。

『举』字上紧下松，笔画略细；『尝』字内部紧凑，注意方圆对比。

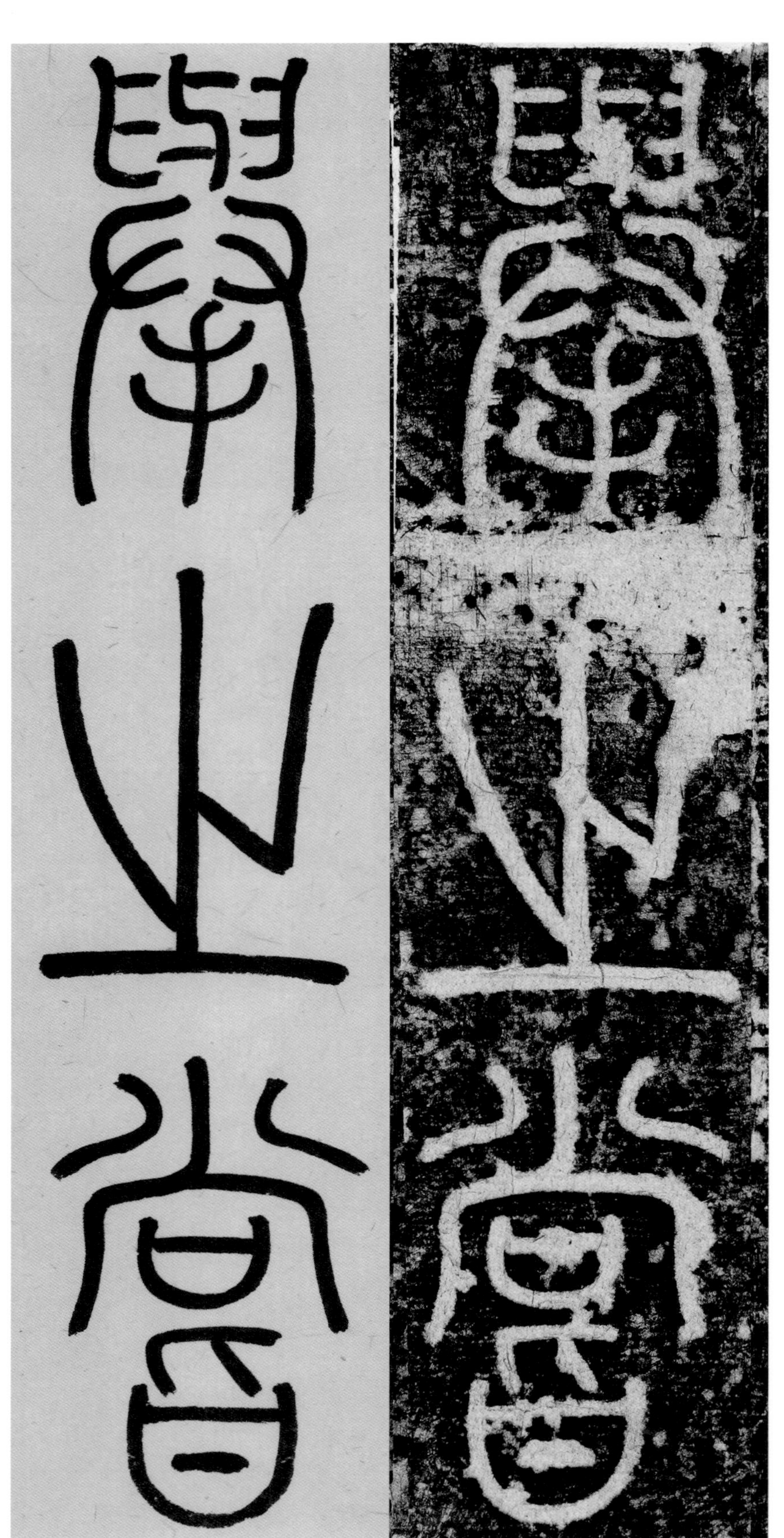

『游』字左中右结构紧凑，『方』部纵势强；『嵩』字字形窄长，横画略长，突出主笔；『少』字左右对称，中部紧凑，末笔外放。

「夜」字长笔左短右长，「夕」部收紧；「闻」字左右对称，空间分布均衡；「山」字形方势圆。

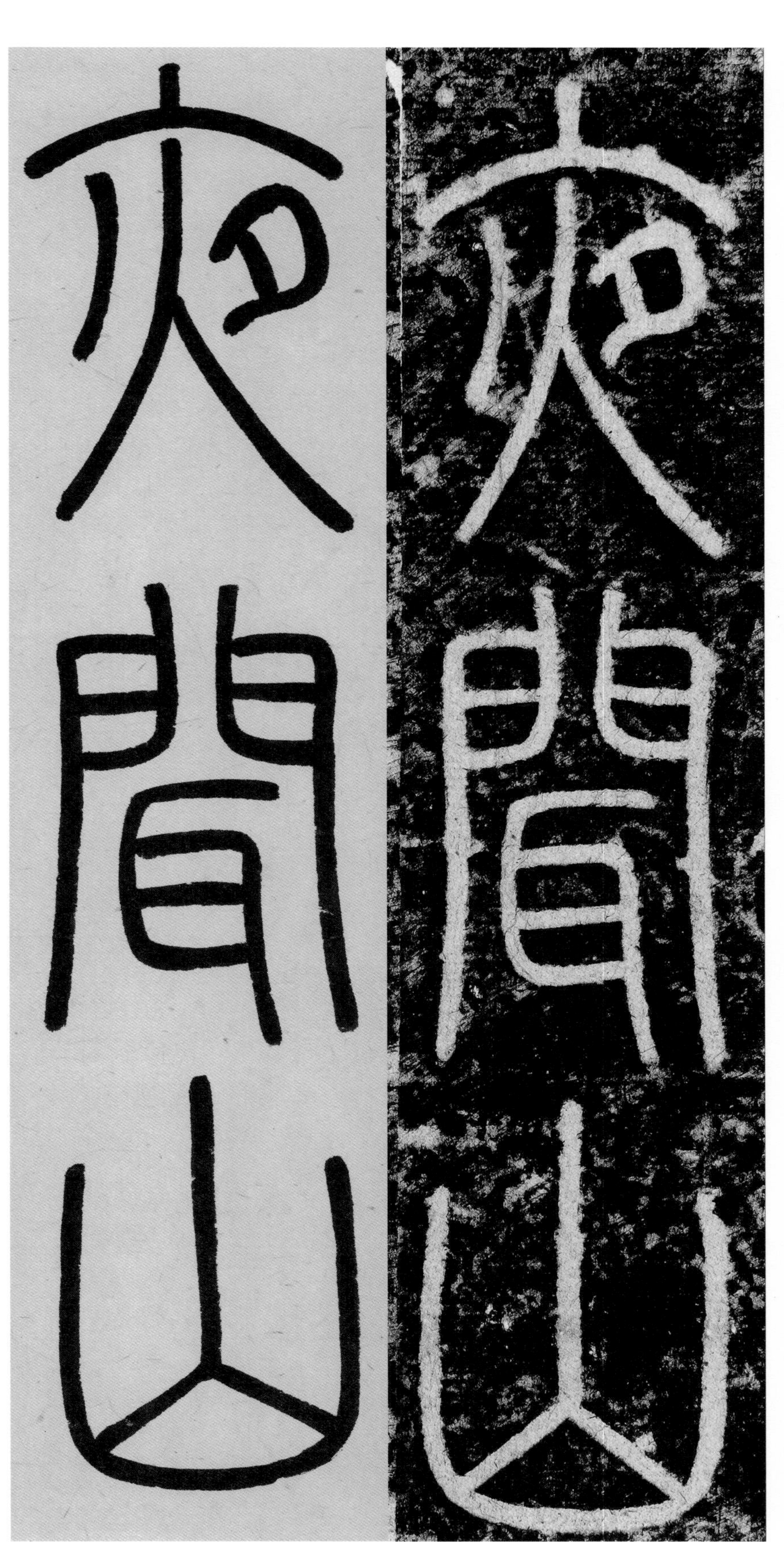

「钟」字左部疏朗，右部紧凑；「赋」字重心偏上，注意「武」部两长笔弧度，「止」部笔画略细，结构紧凑；「云」字注意下部用笔的使转。

『也』字上宽下窄，中间收紧；『洪』字注意三点水的角度变化，右部结构紧凑；『炉』字字形略窄，空间分布均衡。

『继』字注意相同部件的空间分布。

『沸』字三点水用笔流畅，两竖画向背而立，中间收紧；『鼎』字上宽下窄，中部紧凑。

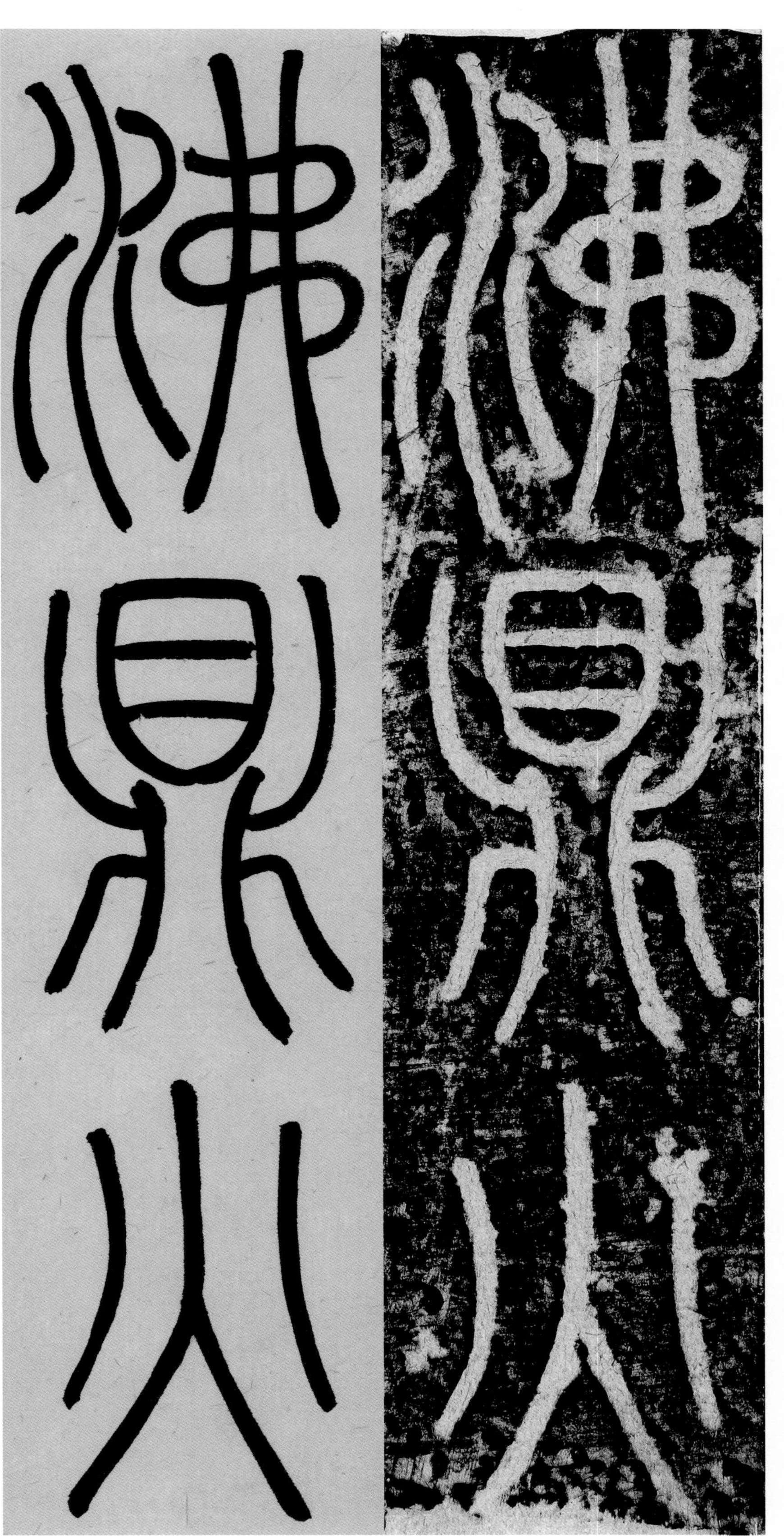

『半』字左右对称，中间饱满；『巨』字呈稳定的梯形结构，空间分布均衡。

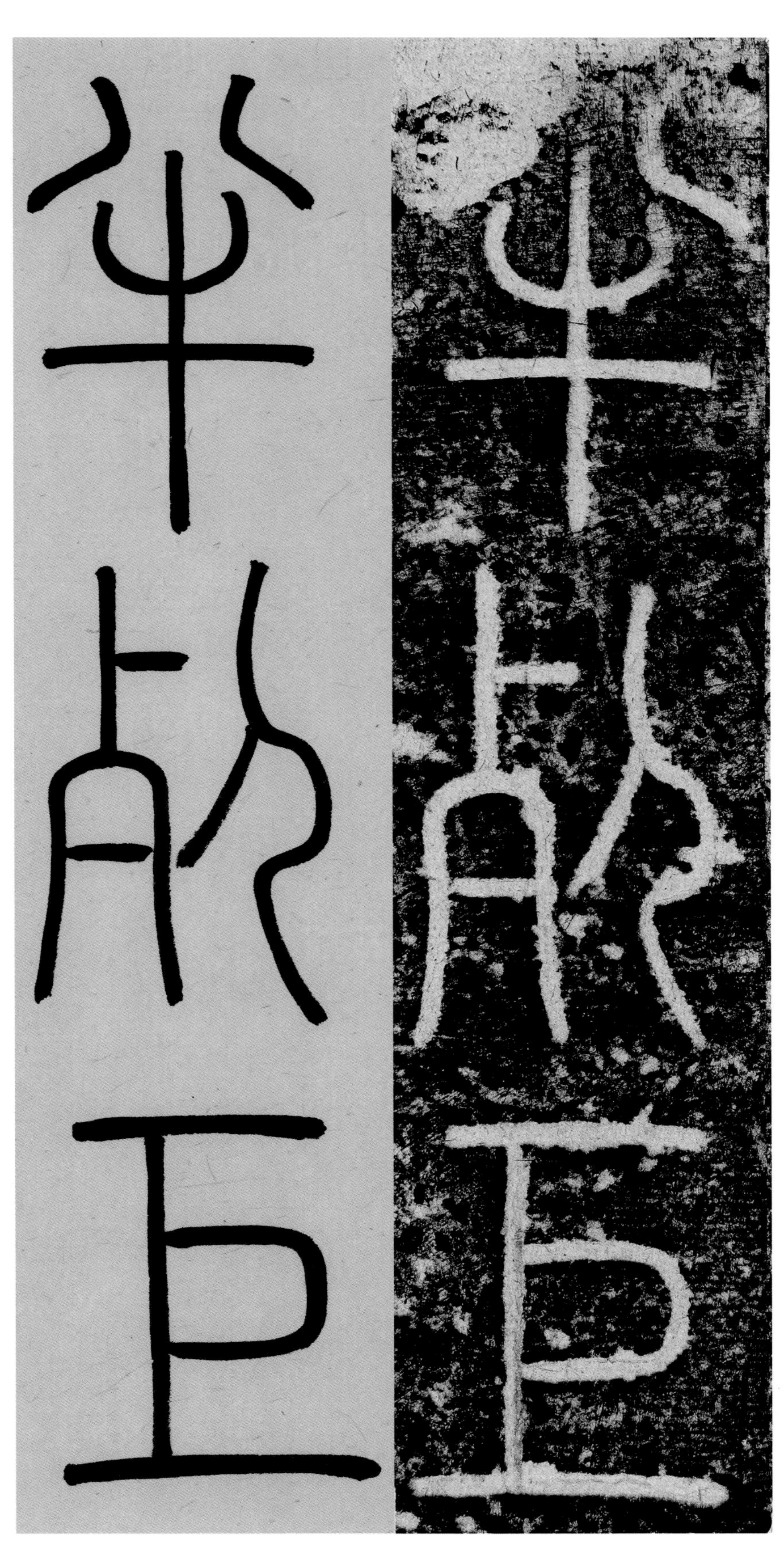

「壑」字左小右大，左高右低，「谷」部长笔内收；「重」字中间紧凑，上小下大；「林」字左右对称，结构紧凑。

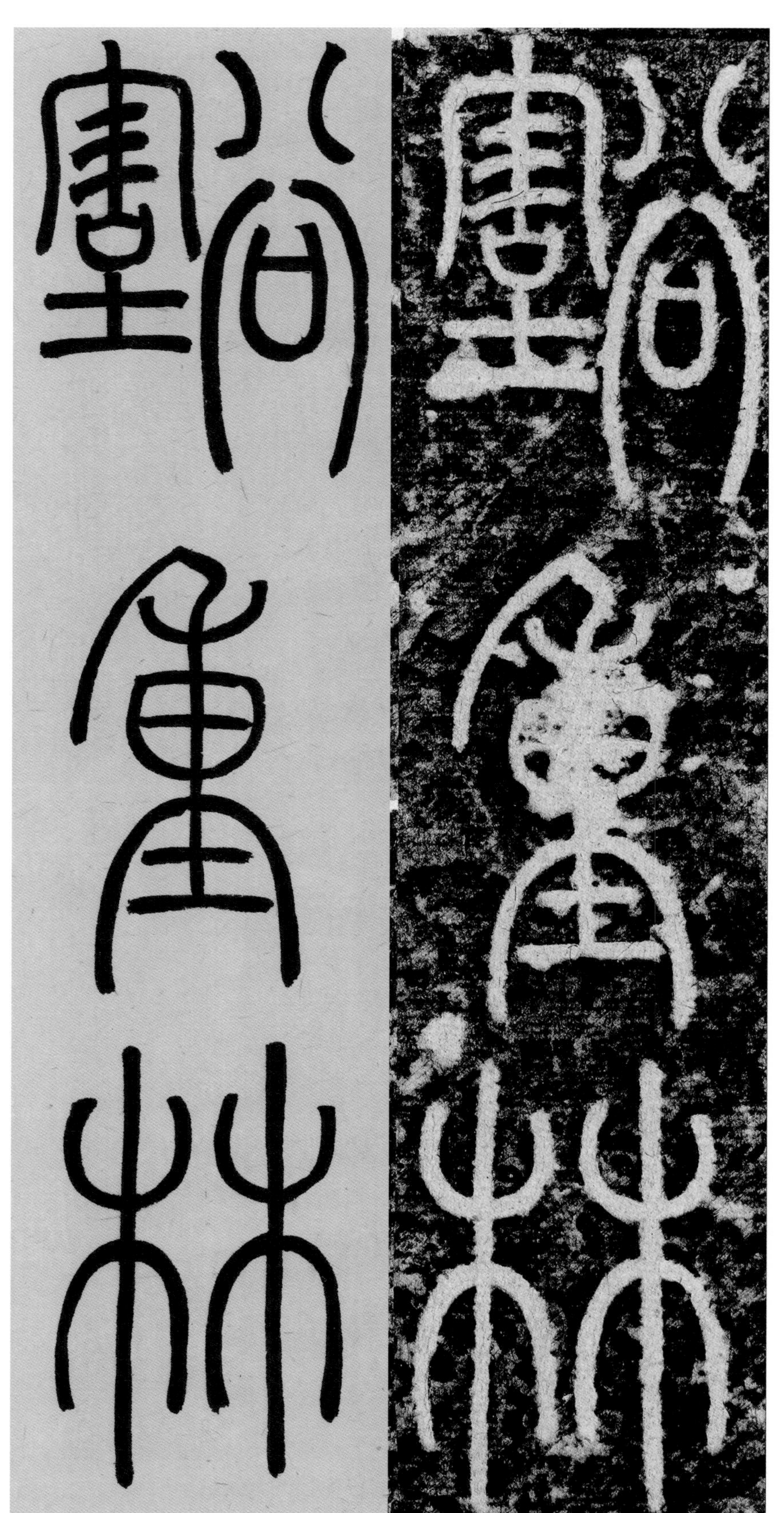

「风」字上平正，下笔锋走势多变；「稍」字左窄右宽，「肖」部上收下放。

『无』字左右对称，空间分布均衡；『间』字『门』部左窄右宽，重心高，下部开张。

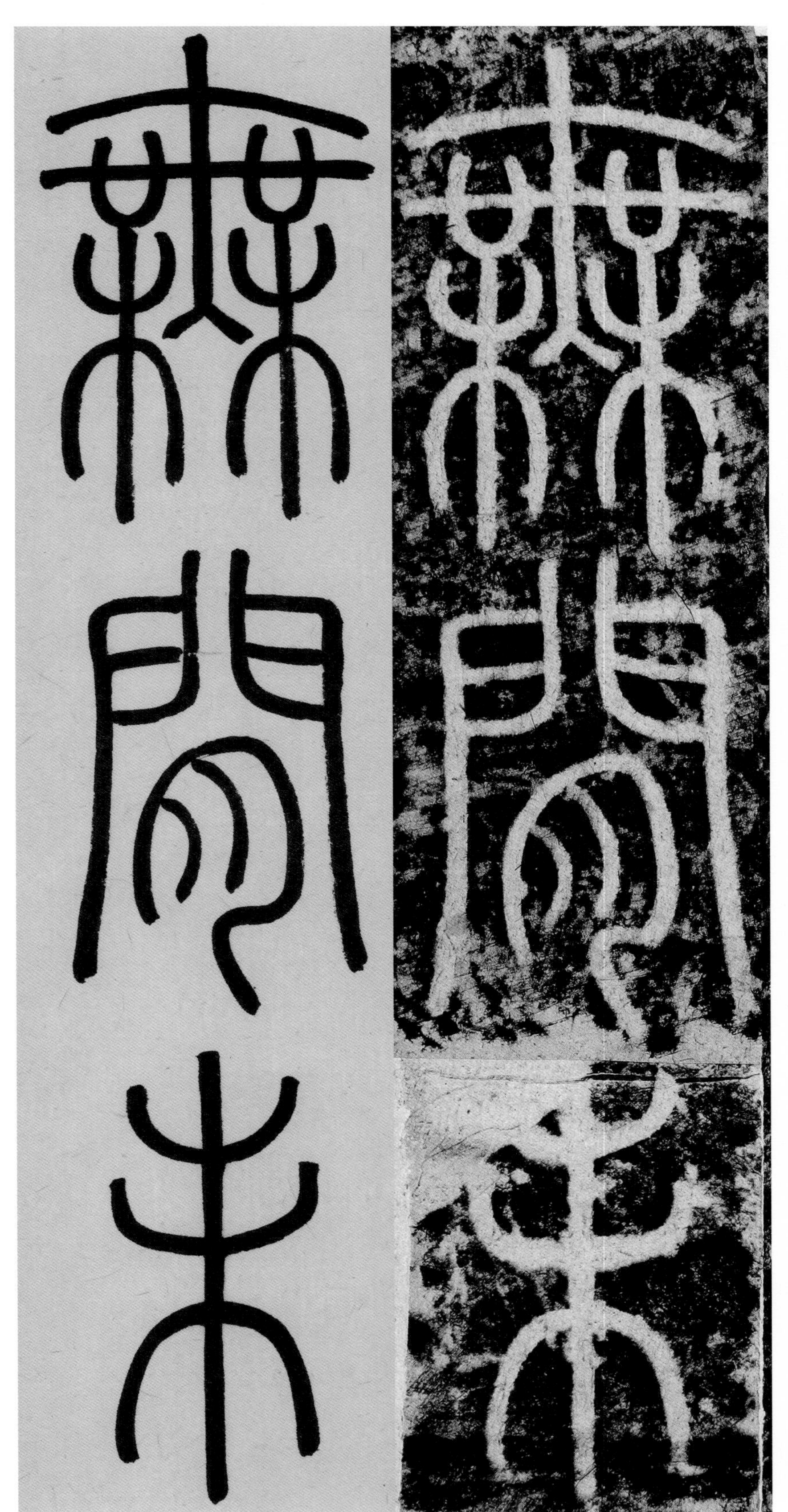

『已』字注意用笔使转；『词』字有向内收紧之势，空间分布均衡。

「珍」字结构左松右紧，右半部三个撇笔弧度逐渐增大；「之」字呈倒三角形态；「转」字相同部件呈一高一低、一长一扁态势。

「金」字上部开张，竖画分割上长下短，重心偏低；「城」字右半部两个长撇画向背，短撇用笔有变化；「尉」字上部开张，空间分布均衡，下部紧凑。

『曹』字两『东』字对称，弧度略大，用笔饱满；『无』字中间竖画衔接左右部件，形成契合关系；『受』字上部结构平整，接笔处有虚实变化，下半部结构开合有变化。

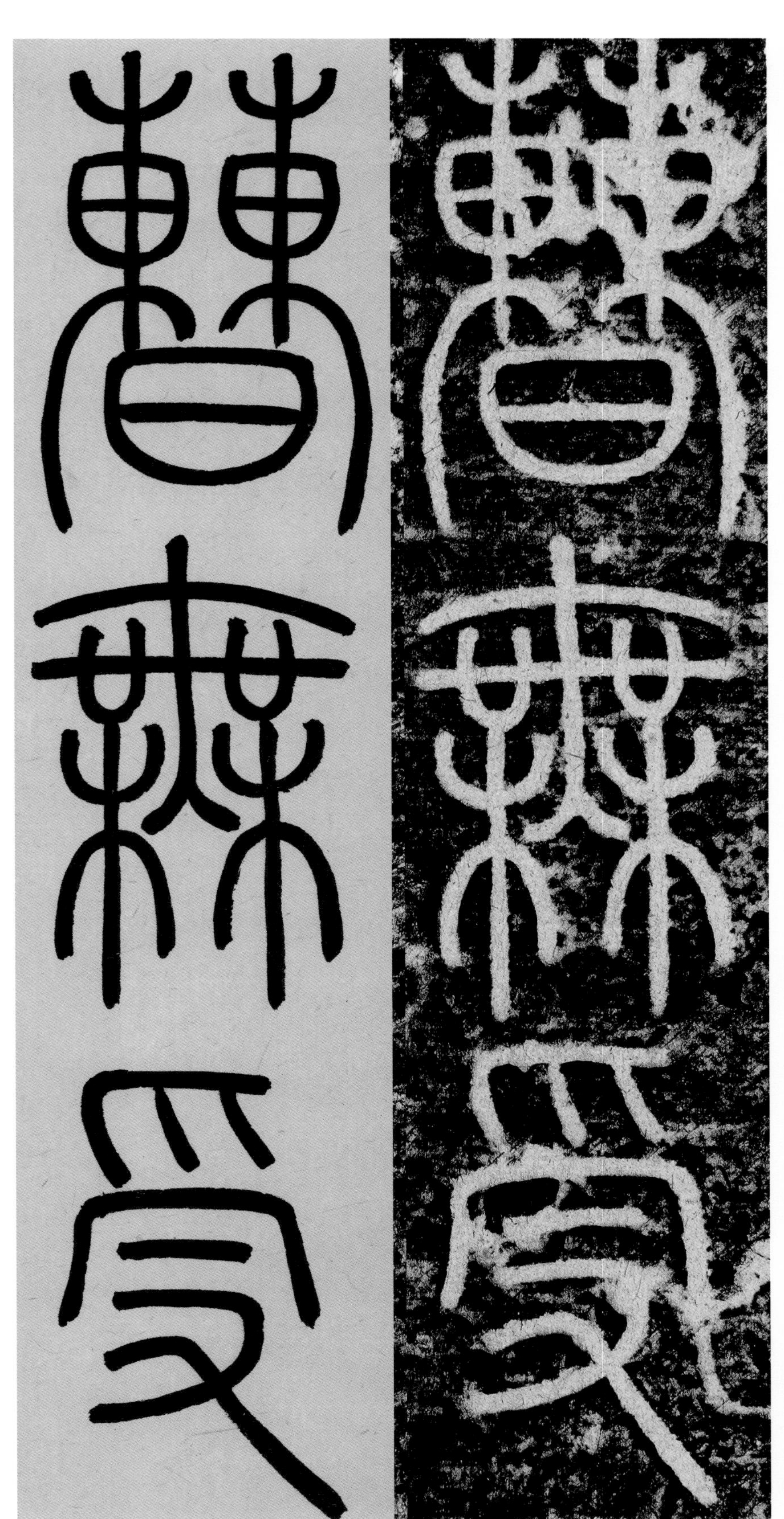

『谢』字结构紧凑，用笔注意穿插；『吏』字上半部『口』字向内收紧，下部右上收紧，左下开张；『不』字结构上紧下松。

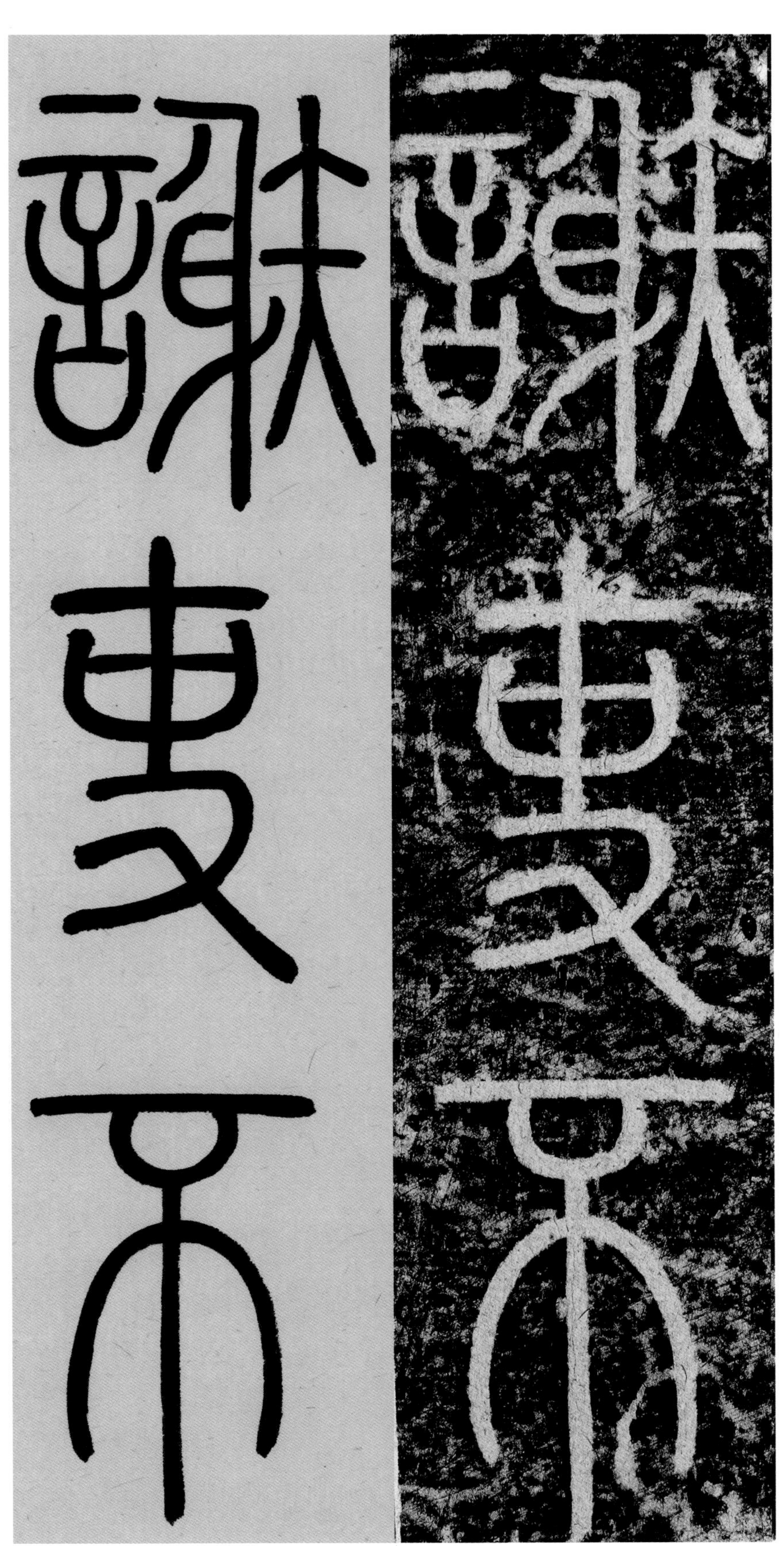

『敢』字左半部空间分布虽有细微差别，但整体匀称，转折处多变化，字势左倾。

『行』字结构左右对称，『于』字注意左半部用笔圆转。

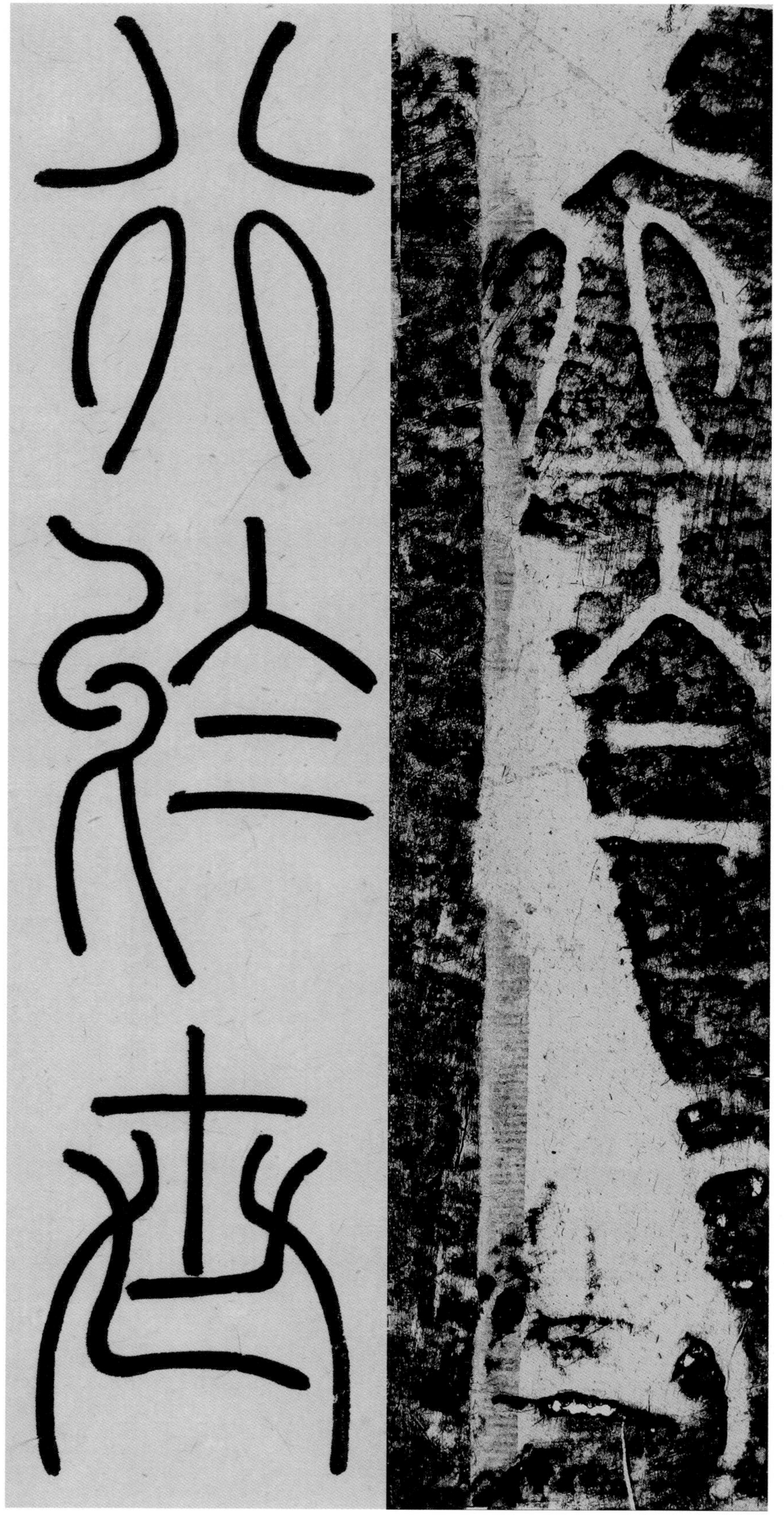

「卿」字左右对称，「字」字下半部居中。

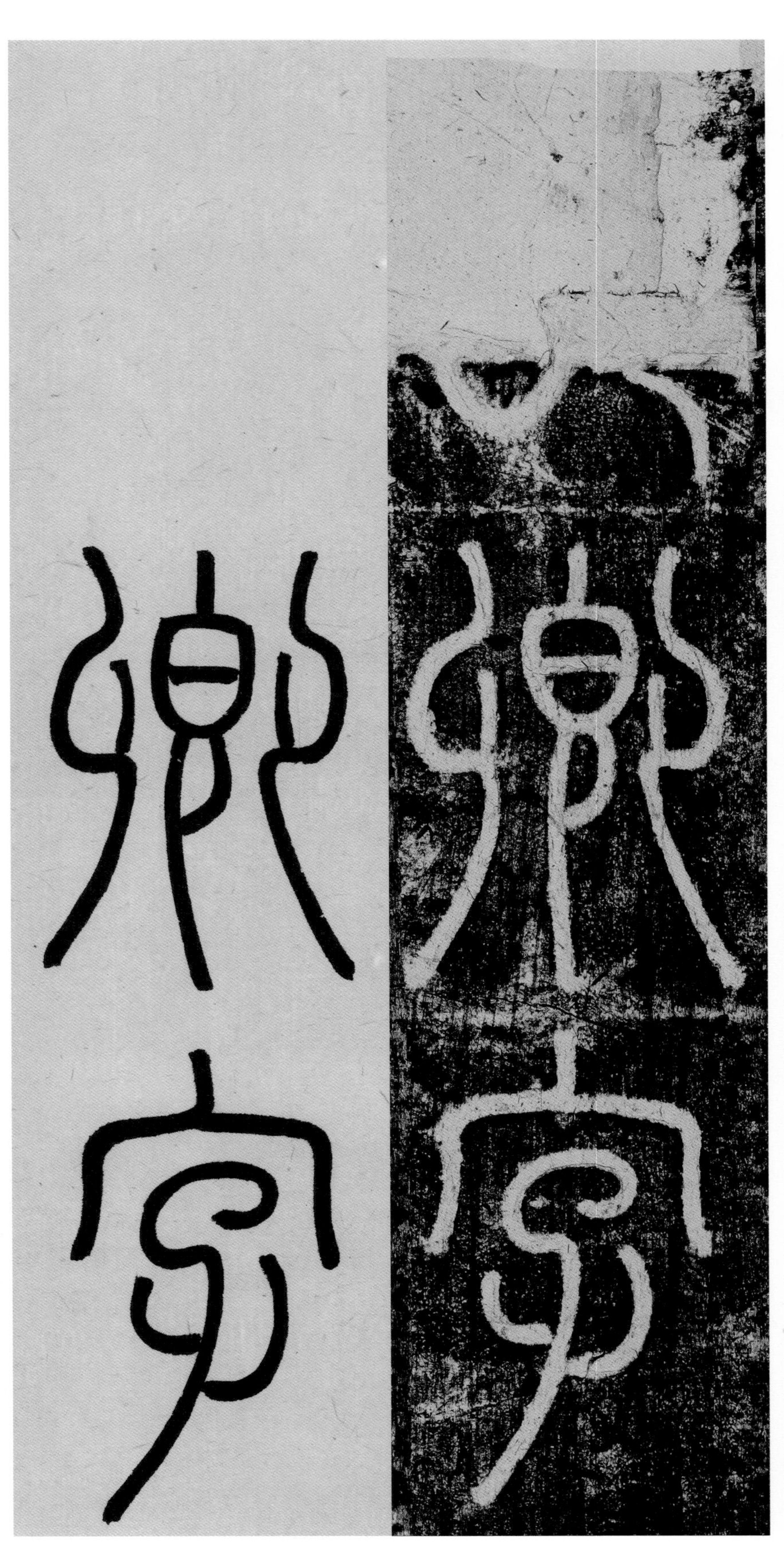

「荣」字上半部与秃宝盖宽度相同；「宽」字上半部结构紧凑，下半部撇画与最后点画呈角度对应关系；「栗」字结构上大下小，重心偏低。

『柔』字圆转较多，注意中锋用笔；『立』字竖画向内收紧，横画略有弧度；『于』字左半部使转较多，右半部笔画略带弧度。

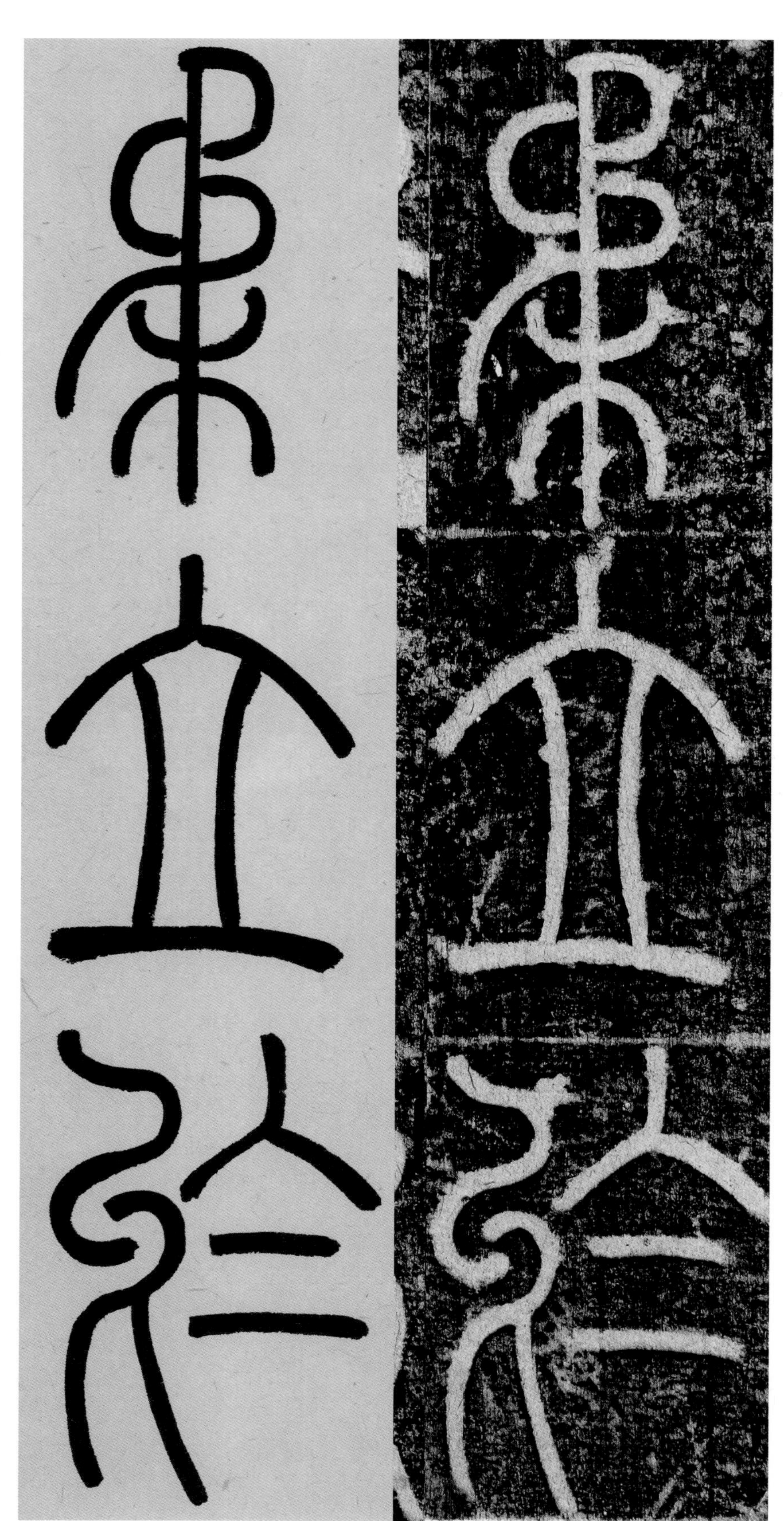

『穆』字右半部三撇笔长度有变化，『不』字下半部略收紧，『瑕』字横画之间错落有致。

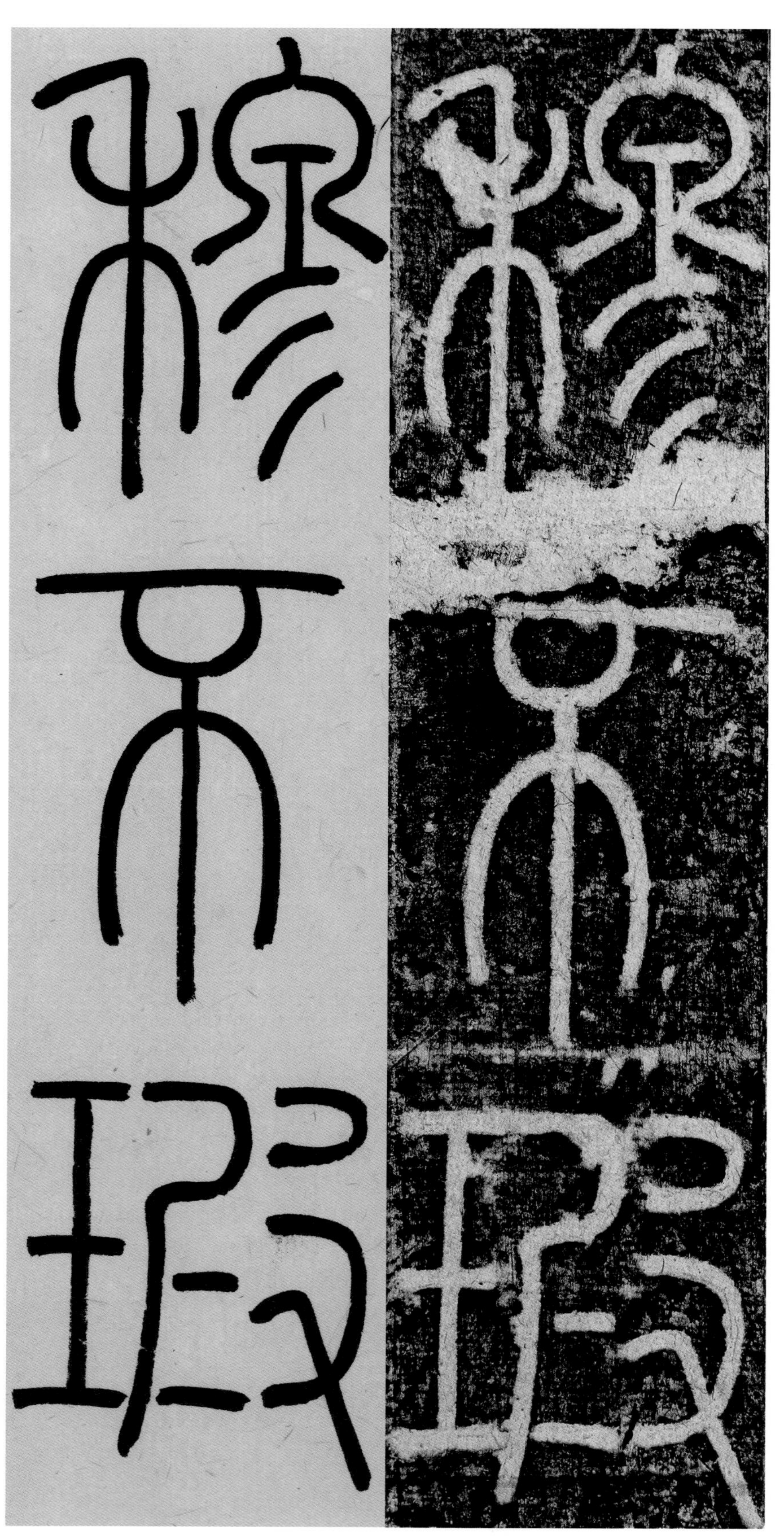

『起』字走之旁竖画有斜势，右半部注意调整笔锋；『家』字注意三撇笔中前两笔平行，最后一笔向背；『拜』字注意相同部件大小有变化。

『灵』字横画间分布均衡；『昌』字结构上小下大，下部呈向内包裹态势；『主』字空间分布均衡。

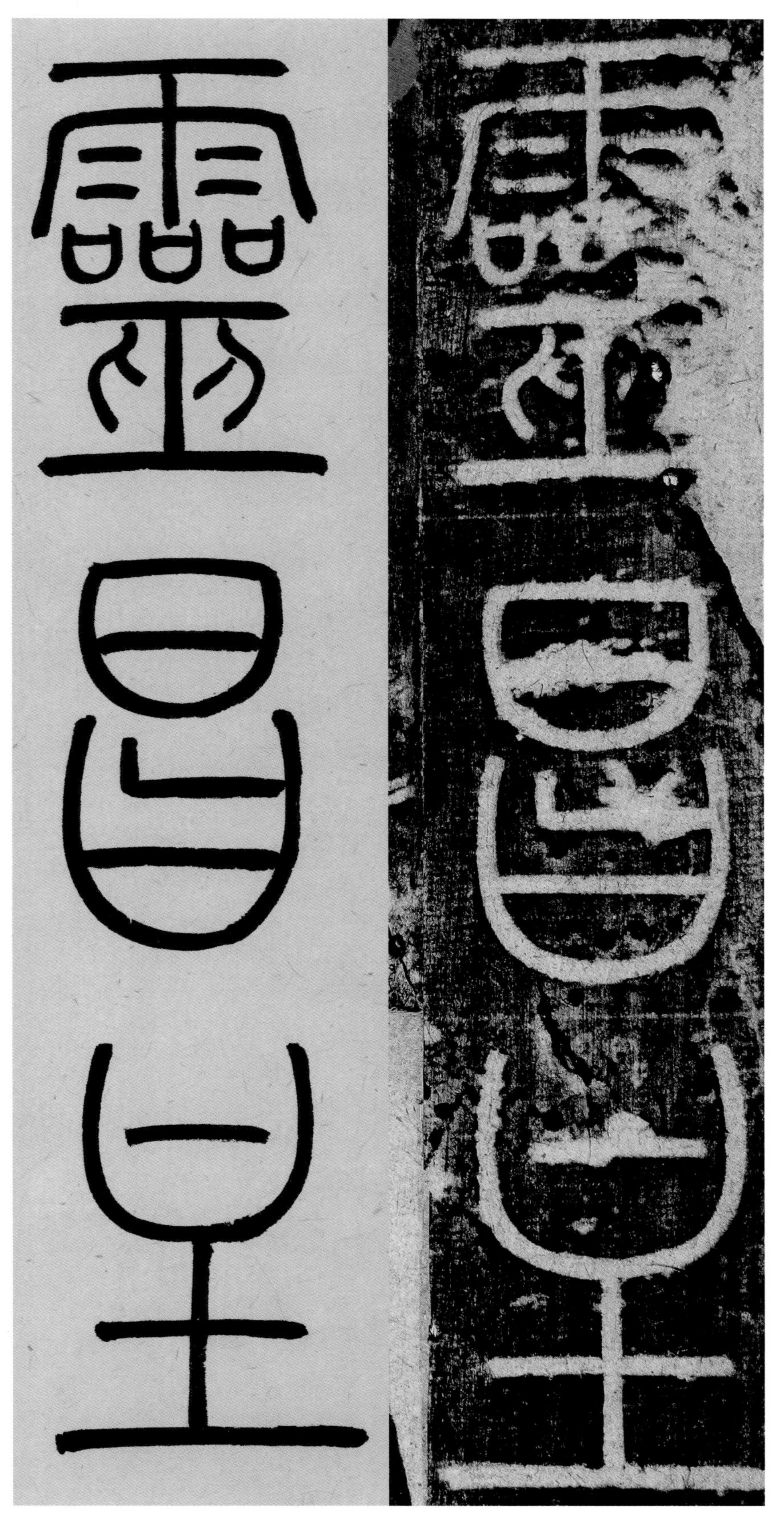

『簿』字下半部左右粗细对比强烈；『己』字多转笔，少折笔。

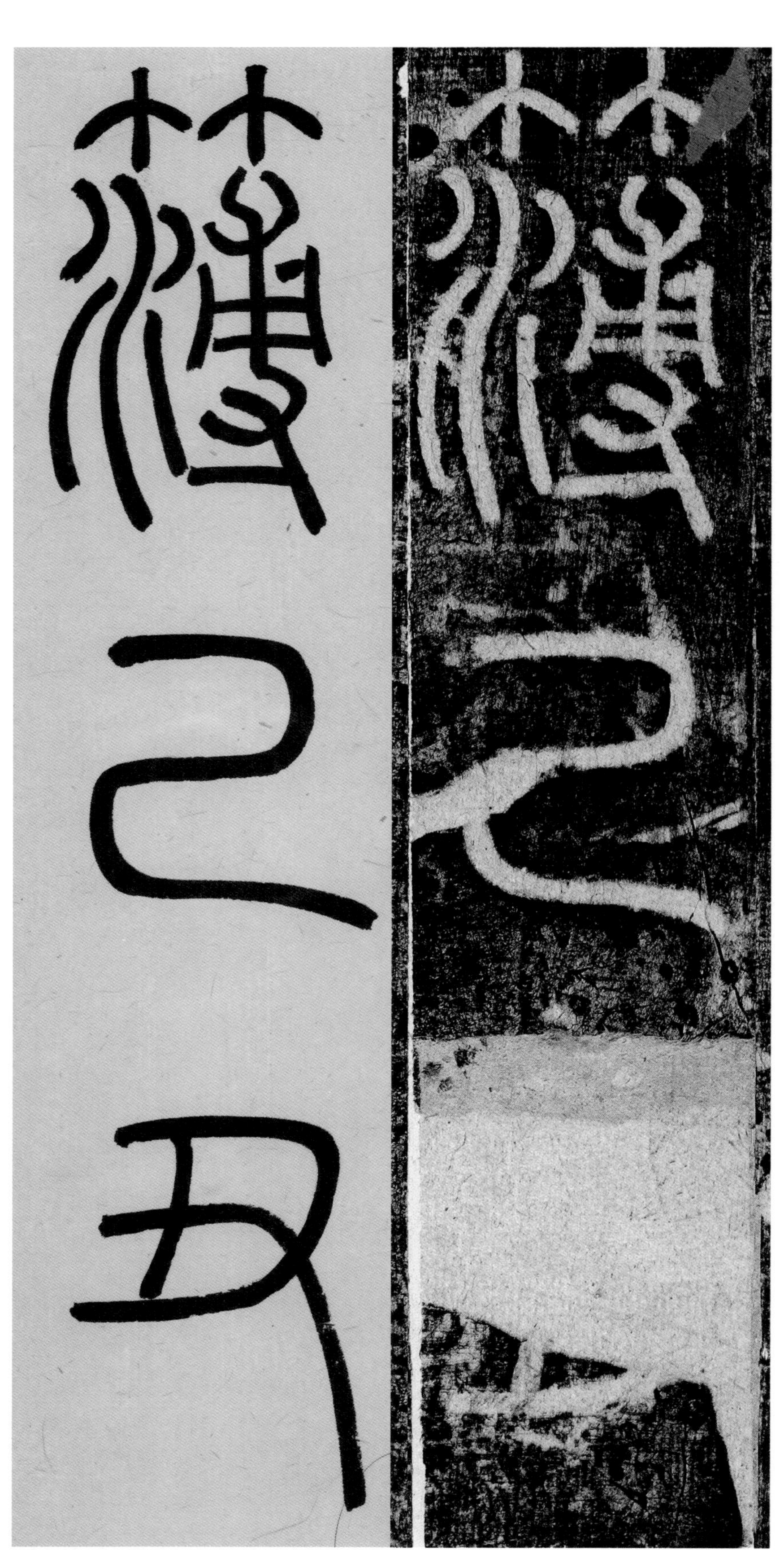

『岁』字上部横画短小，两『止』字结构略有不同；『小』字结构对称，撇笔上下开合；『彖』字外围圆中带方。

『宰』字结构左右对称，注意横画位置；『李』字上部撇捺笔圆润，下部开张，竖画有衔接。

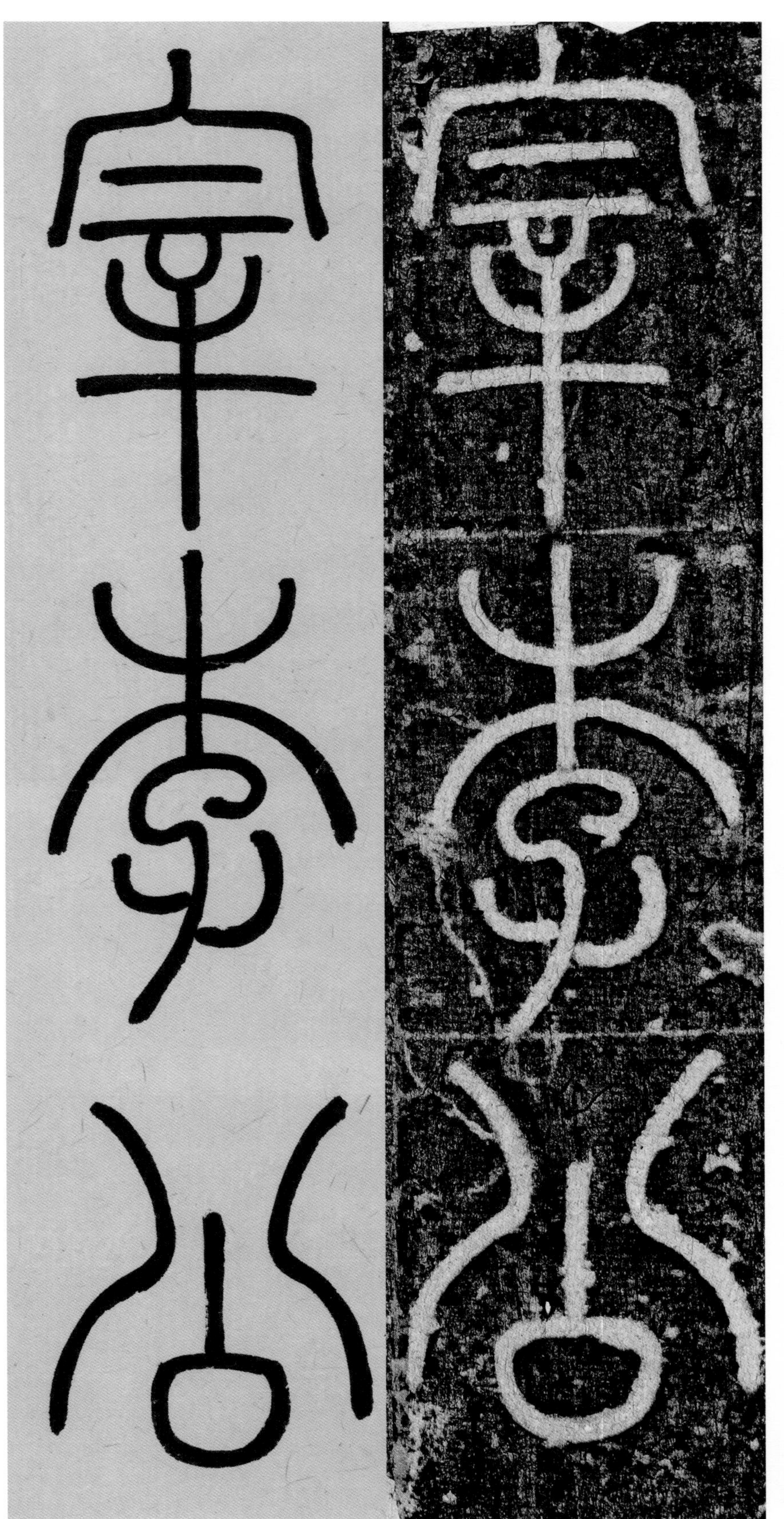

『彭』字三撇画有角度、方向变化，『口』部方中带圆；『年』字字势右倾；『尚』字用笔左右略有变化。

『其』字重心居中，『文』字重心偏上，『翰』字左右结构错落有致。

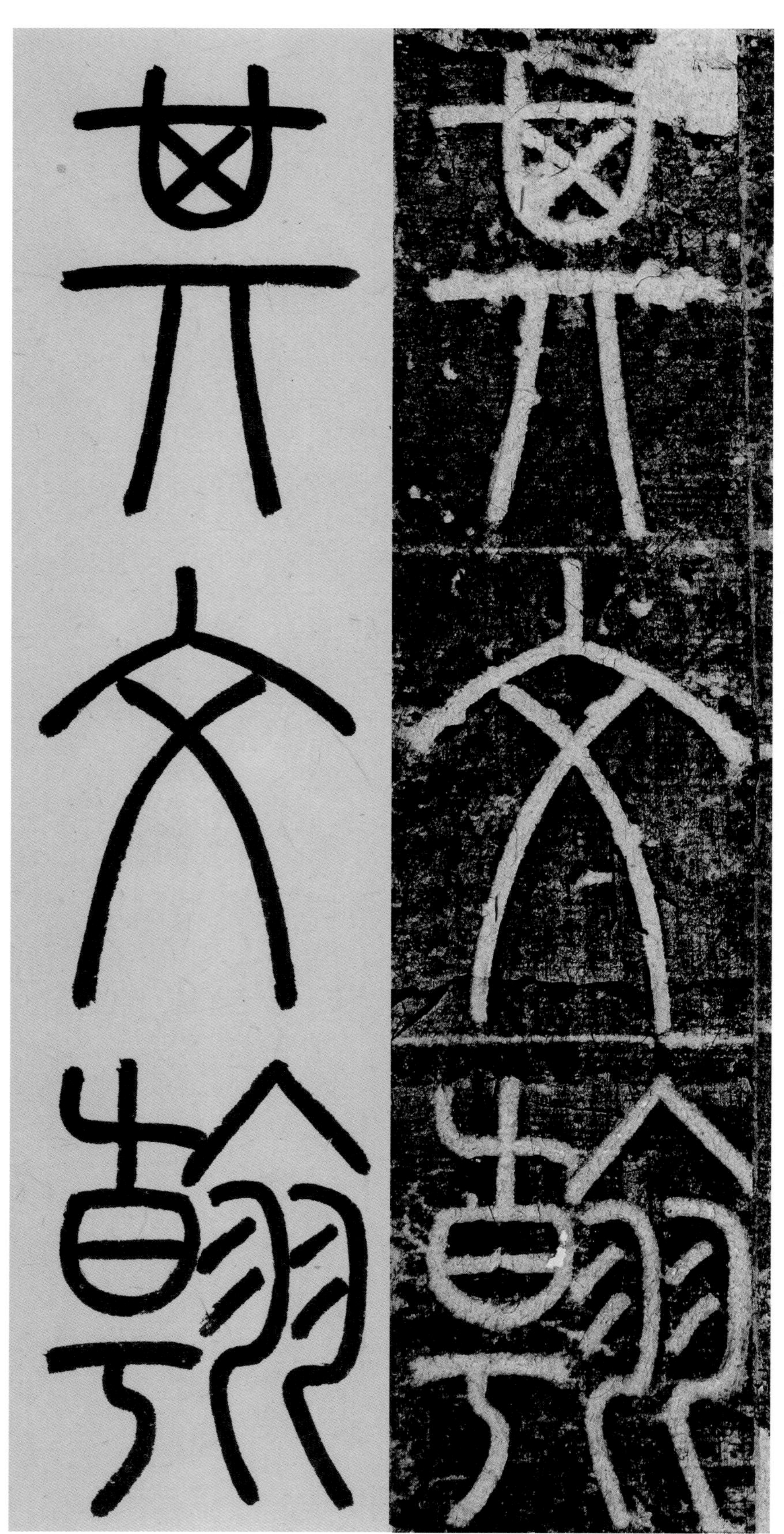

『暑』字上部紧凑，下部用笔先收后放；『朝』字右半部上紧下松；『邑』字下半部注意中锋用笔。

『簿』字三点水姿态变化强烈；『时』字用笔粗壮，接笔处有虚实变化；『漆』字空间分布均衡，粗细有变化。

『沮』字注意竖画向背；『决』字空间分布均衡，偏旁位于左上方。

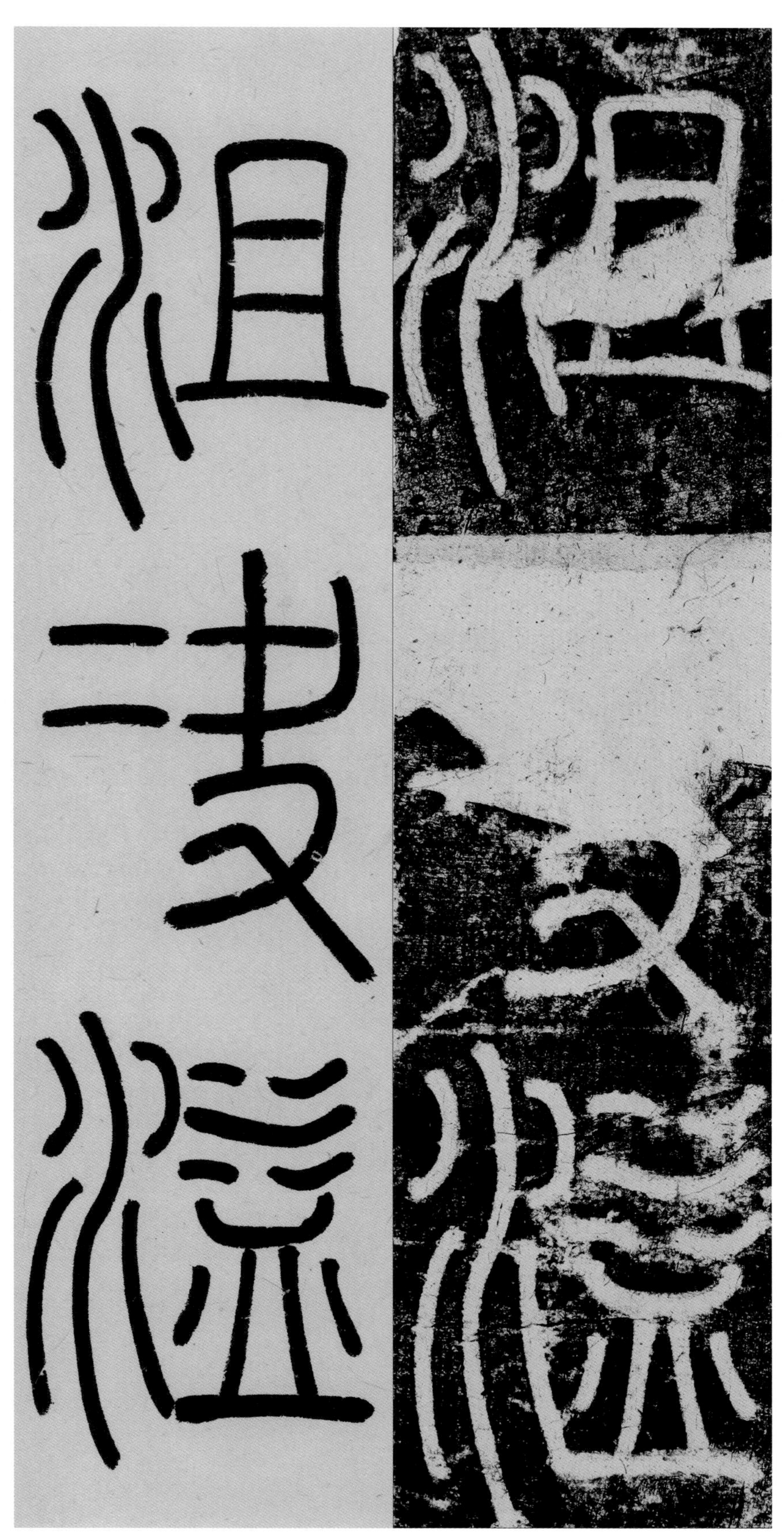

『冯』字左半部重心居上，右半部注意重心，横画具有方向感；『翊』字右半部向左倾斜；『昏』字注意空间分布，竖画与横画的位置关系。

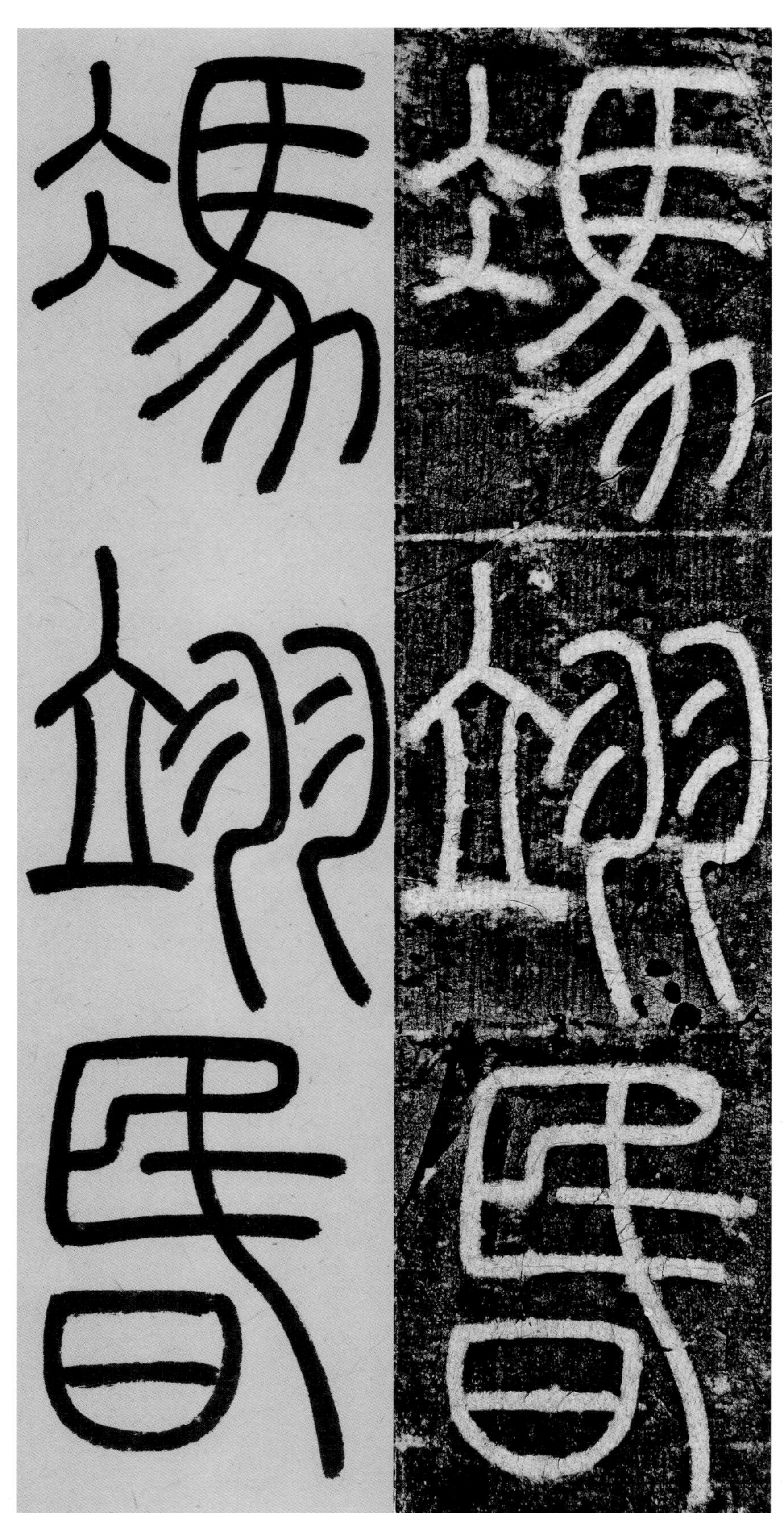

『垫』字注意结构左右穿插；『醧』字右半部呈散射态势；『渠』字三点水用笔粗壮。

『捷』字左松右紧；『蓄』字重心偏低，注意S字形部件用笔有变化；『股』字左半部竖画间略有平行与向背。

『引』字左半部左倾，用笔有停顿使转；『脉』字右半部『永』字反写，结构上紧下松；『散』字结构左松右紧。

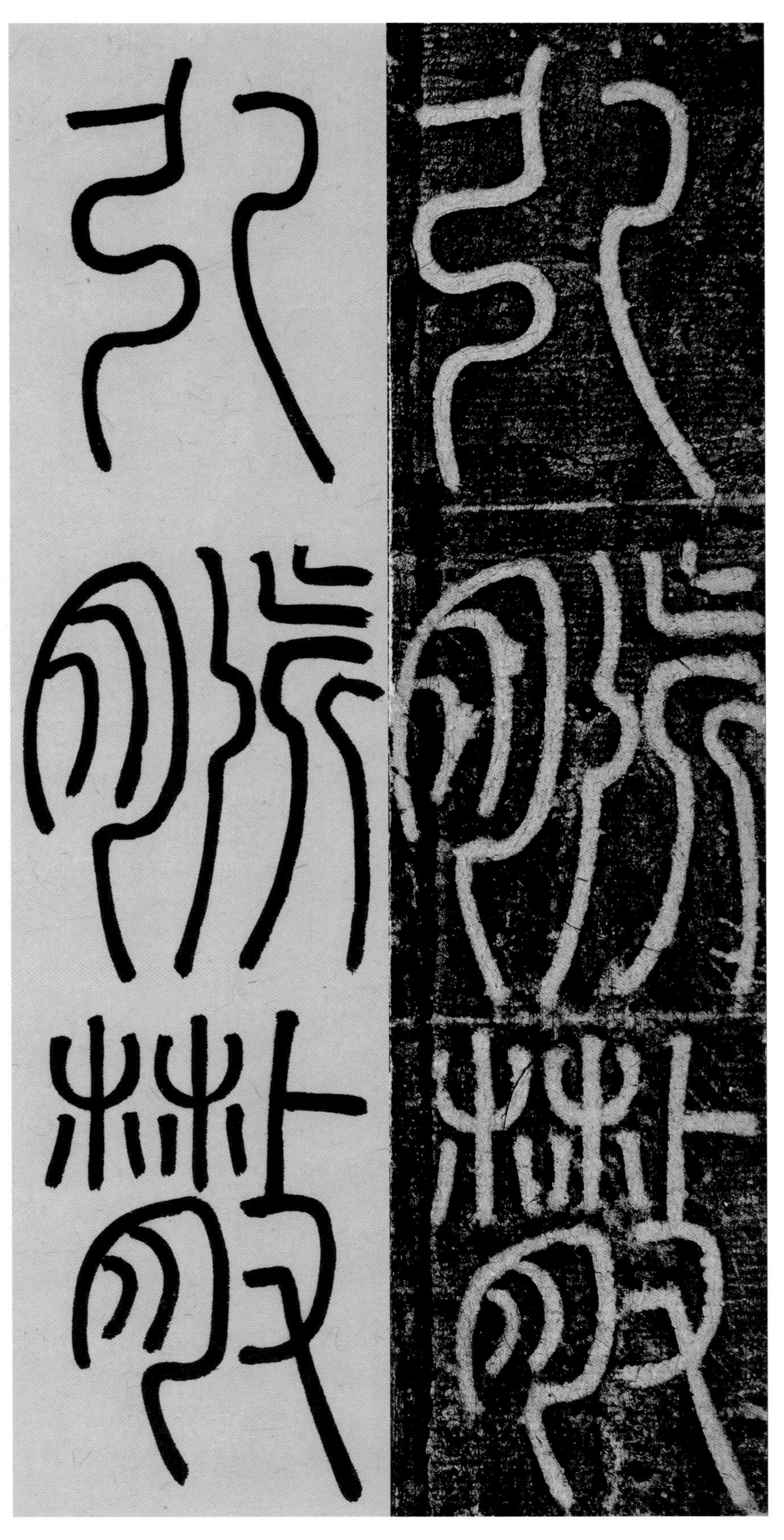

「下」字竖画起笔位置偏左，重心偏右；「土」字注意横画间长短变化；「德」字左右重心一低一高，形成对比。

「漧」字三点水旁字形偏大，「乾」部略紧；「上」字注意竖画使转；「腹」字注意三竖画的姿态变化。

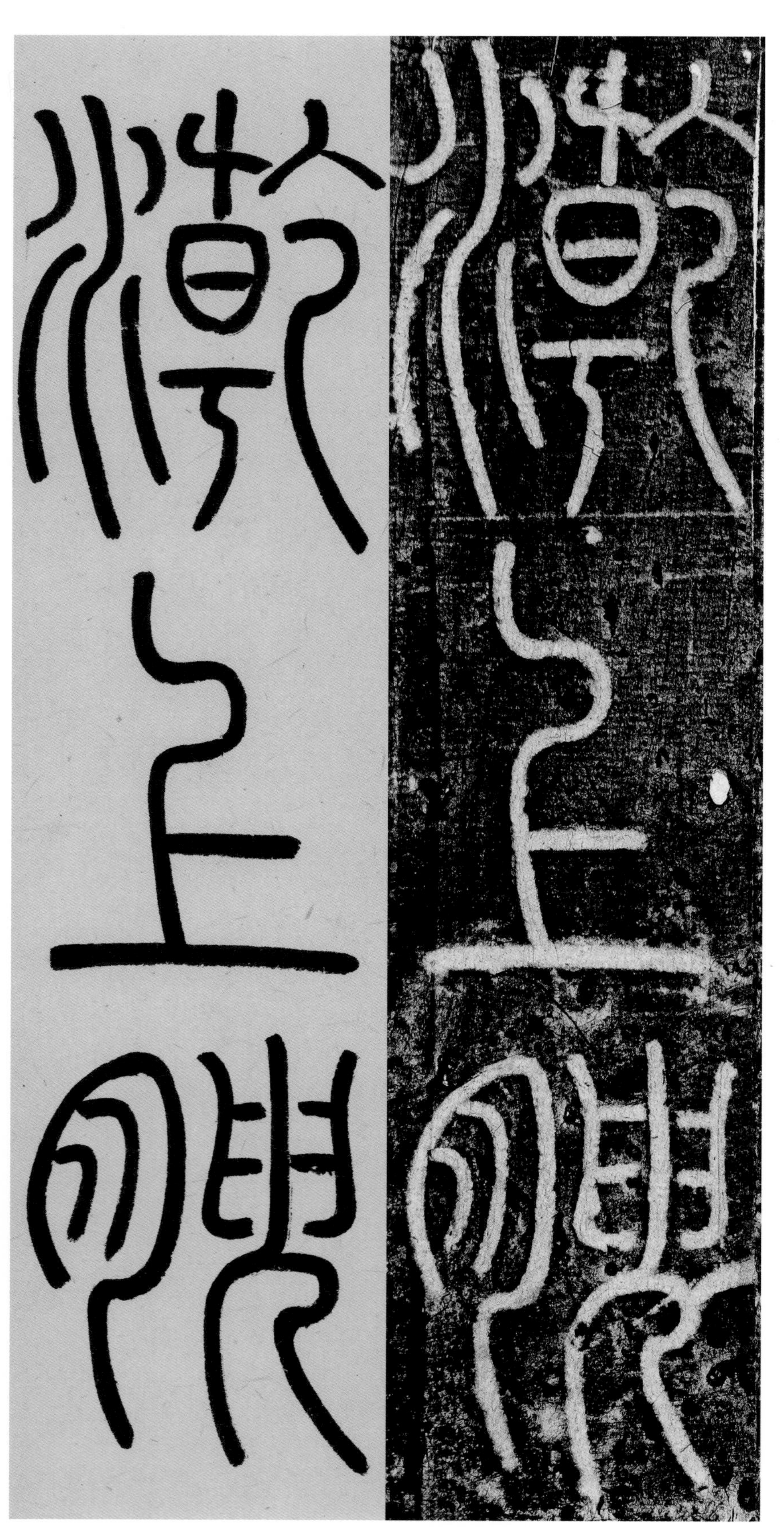

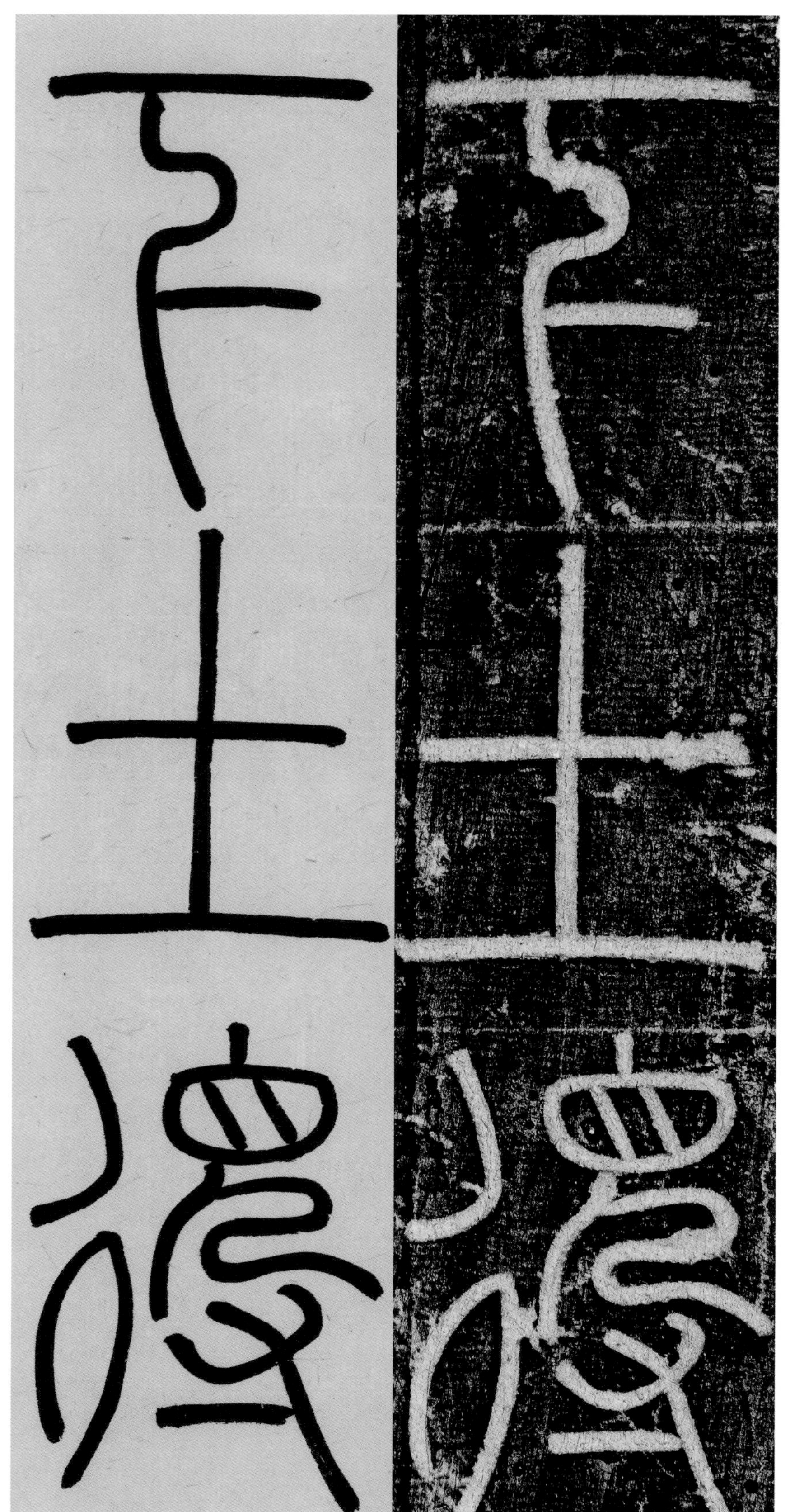

『成』字注意下半部空间分布均衡；『赋』字上大下小，左右穿插，笔画连接紧密；『人』字呈三角形状。

『到』字左右位置错落有致；『于』字竖钩起笔与收笔在同一垂直线上；『今』字注意『人』部衔接处有虚实变化，并与下端竖画相接。

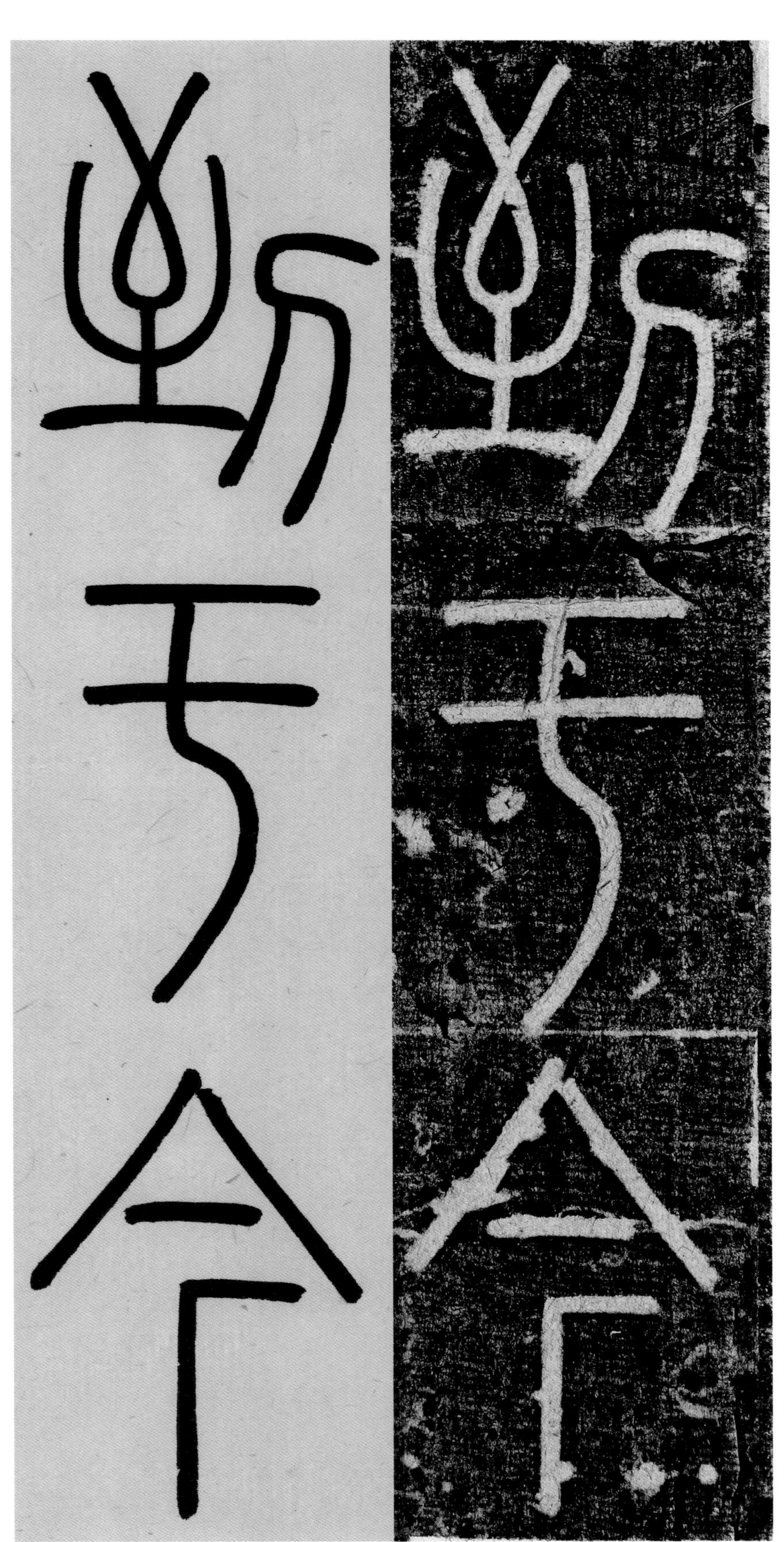

「赖」字左半部重心偏低，「之」字呈倒三角形态，「文」字重心偏上，注意收放。

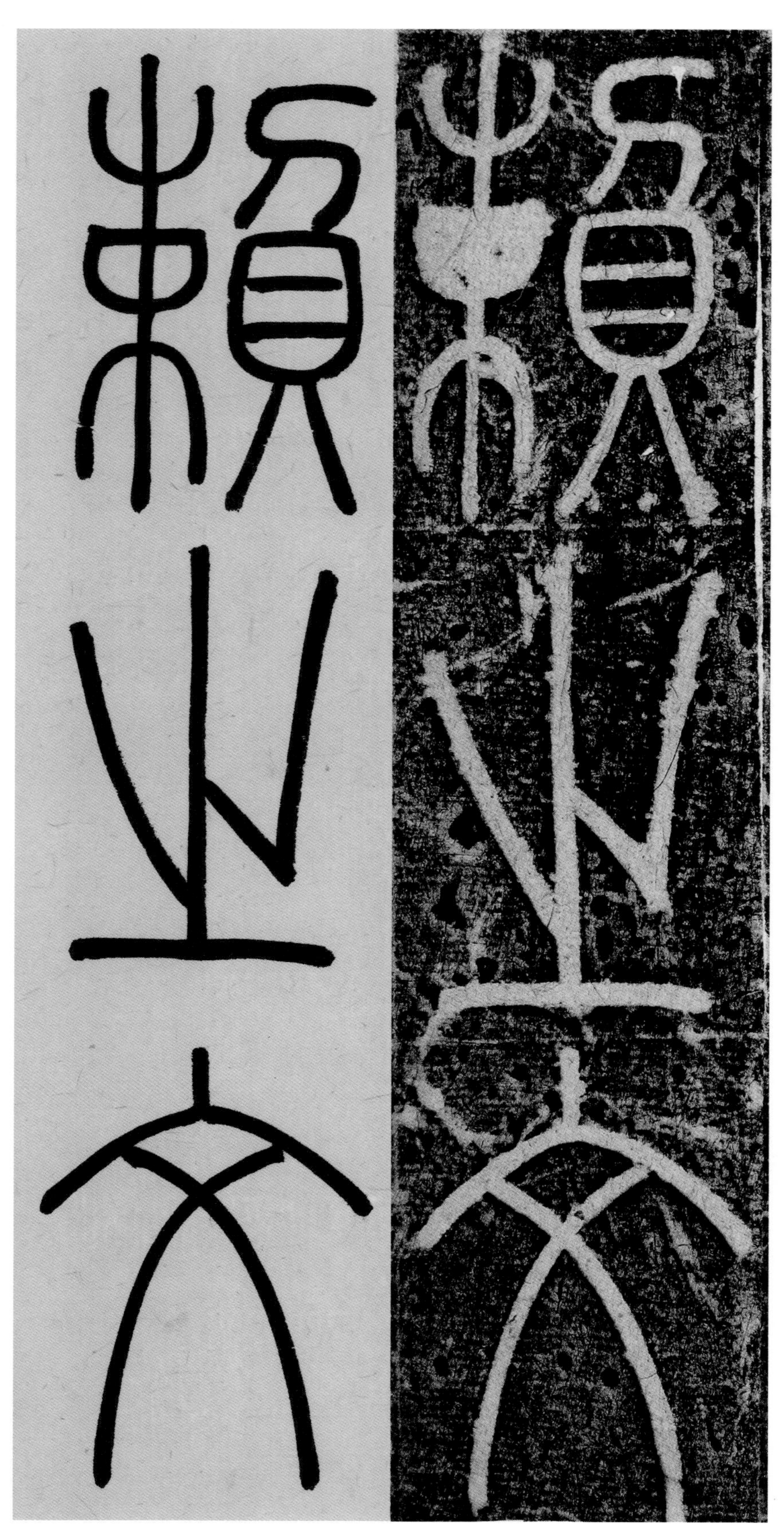

「集」字注意相同部件有疏密变化，「百」字用笔厚重。

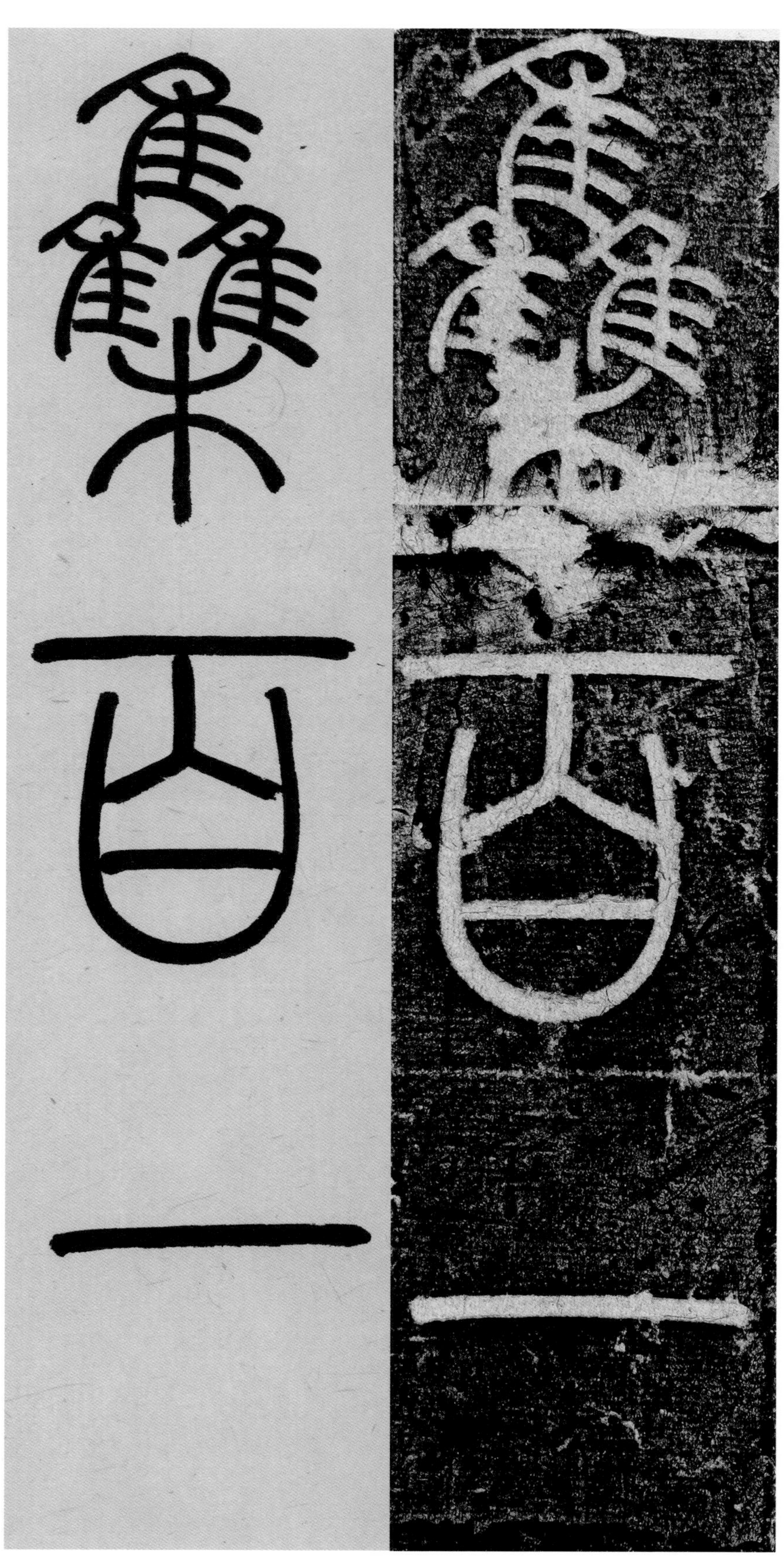

「十」字重心偏上；「二」字注意长短变化；「篇」字竹字头结构偏大，下半部成梯形状。

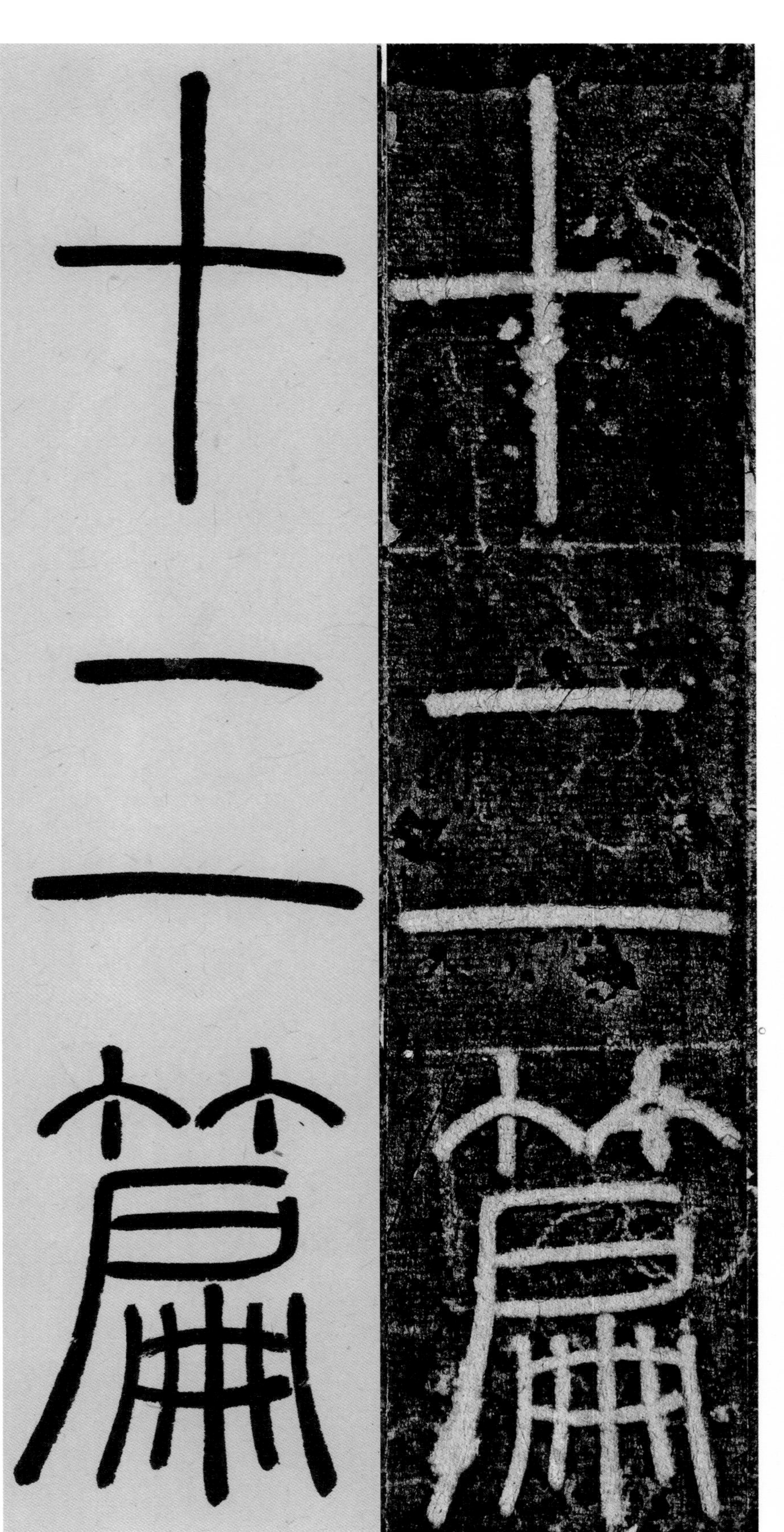

「乌」字注意用笔使转、调整笔锋与分间布局；「戏」字左半部字形偏长，空间分布均衡。

「三」字注意横画长度的变化；「英」字下部竖画相向；「孝」字动态强烈，下部重心左移。

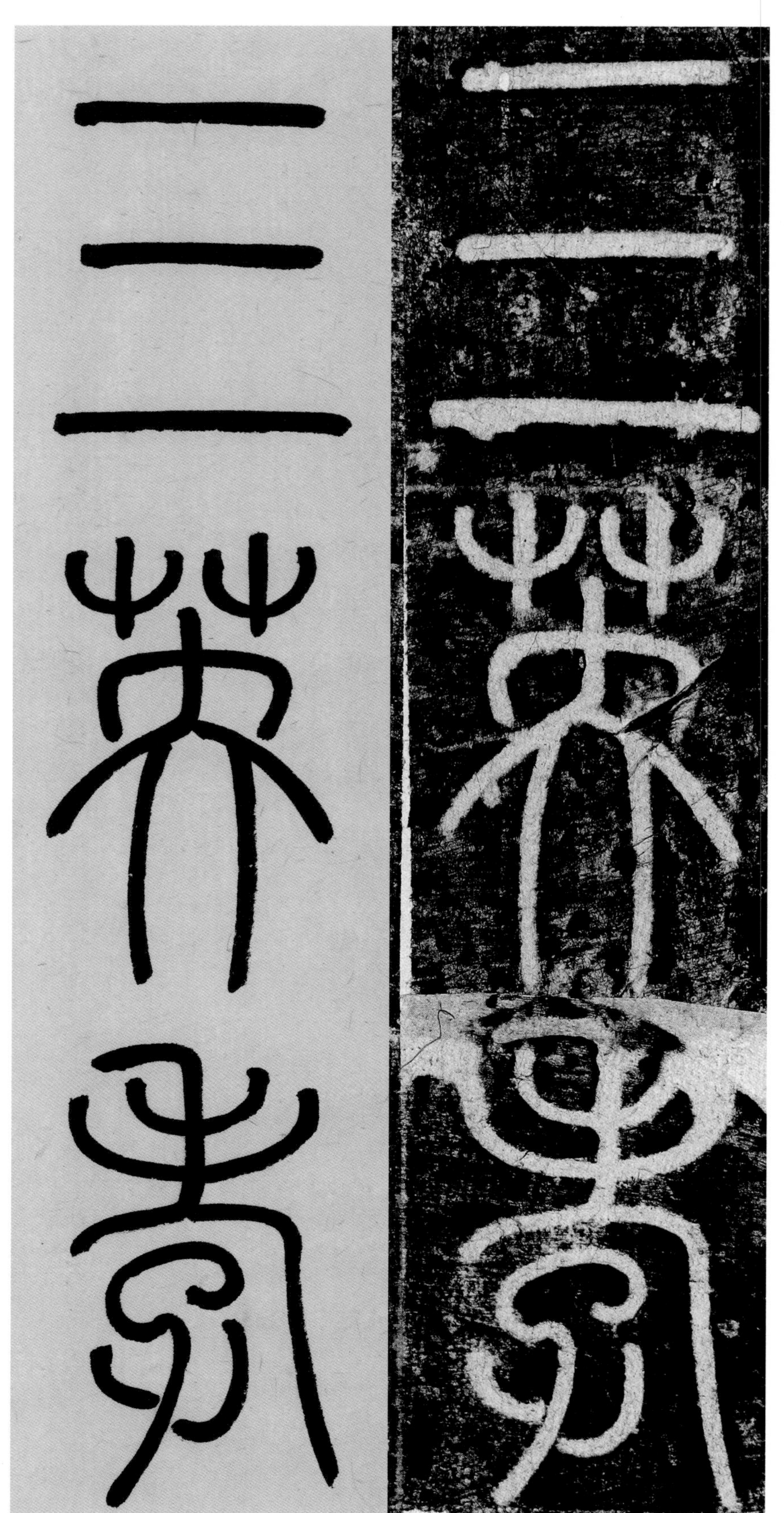

「友」字结构上小下大，字势右倾；「曾」字空间分布均衡；「闵」字「门」部横画有倾斜之势，结构上紧下松。

『俦』字单人字旁重心偏高，右半部注意使转与空间分布；『也』字上宽下窄，中间收紧。

『学』字上半部字形较大；『继』字左低右高，右半部用笔略有变化。

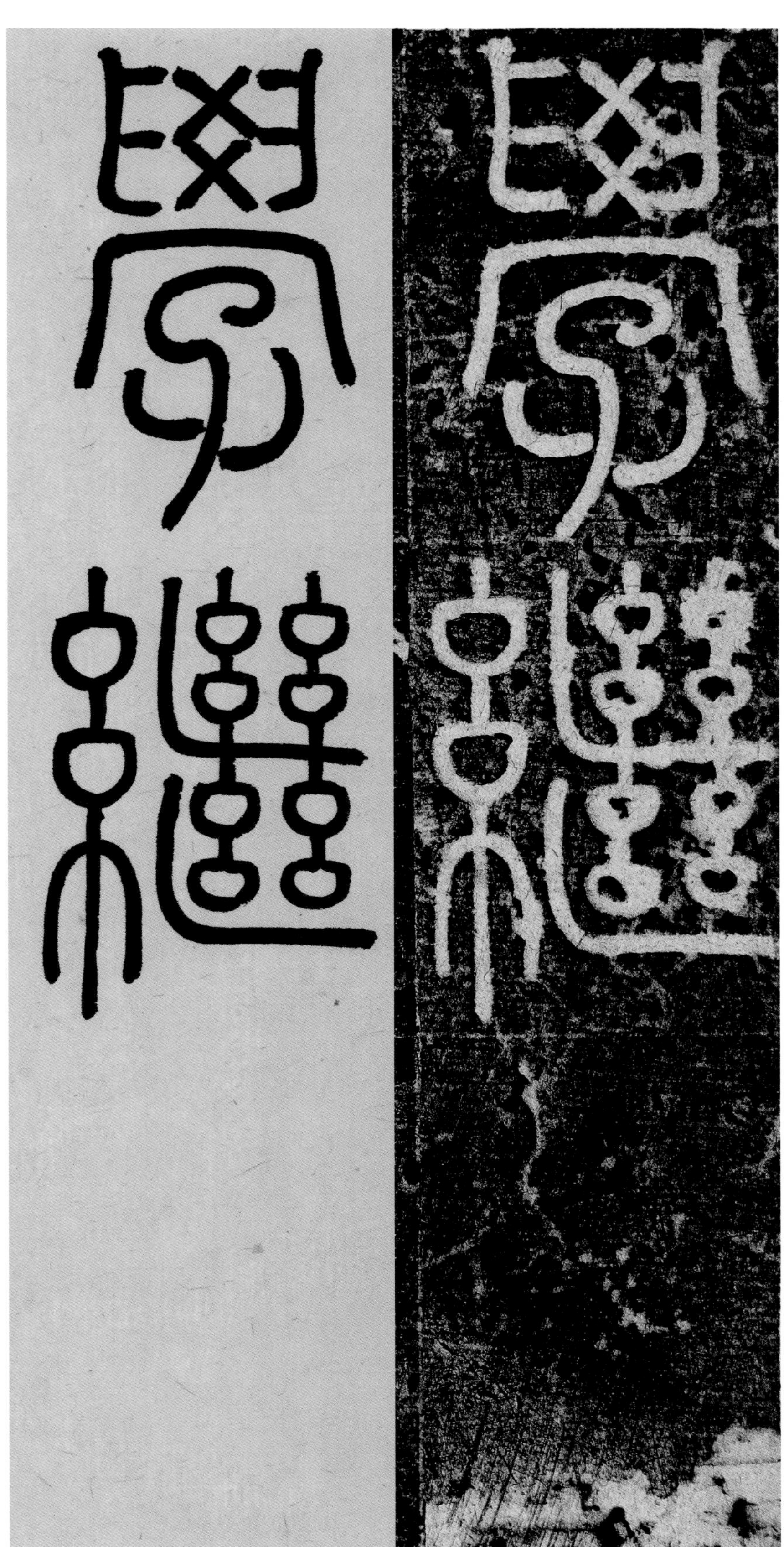

「业」字用笔方圆兼备，重心略低；「璿」字右半部用笔有收放；「碧」字右半部张力十足，用笔有收放。

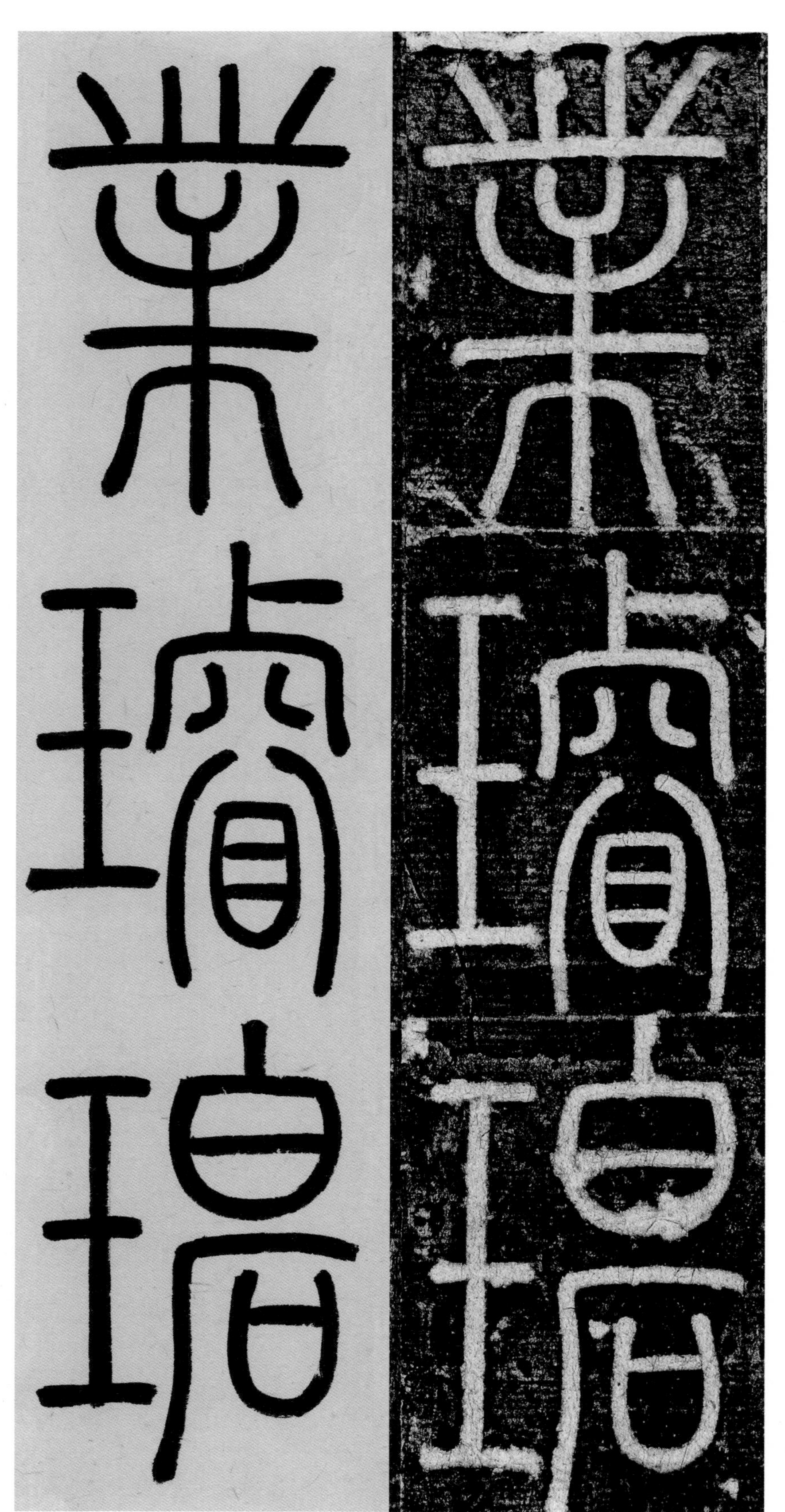

「产」字上半部字形略扁，下部重心上移；「纯」字绞丝旁重心下移，右半部竖弯钩有方向变化。

『固』字用笔粗壮、厚重；『含』『章』二字字势挺拔、瘦劲，空间分布均衡。

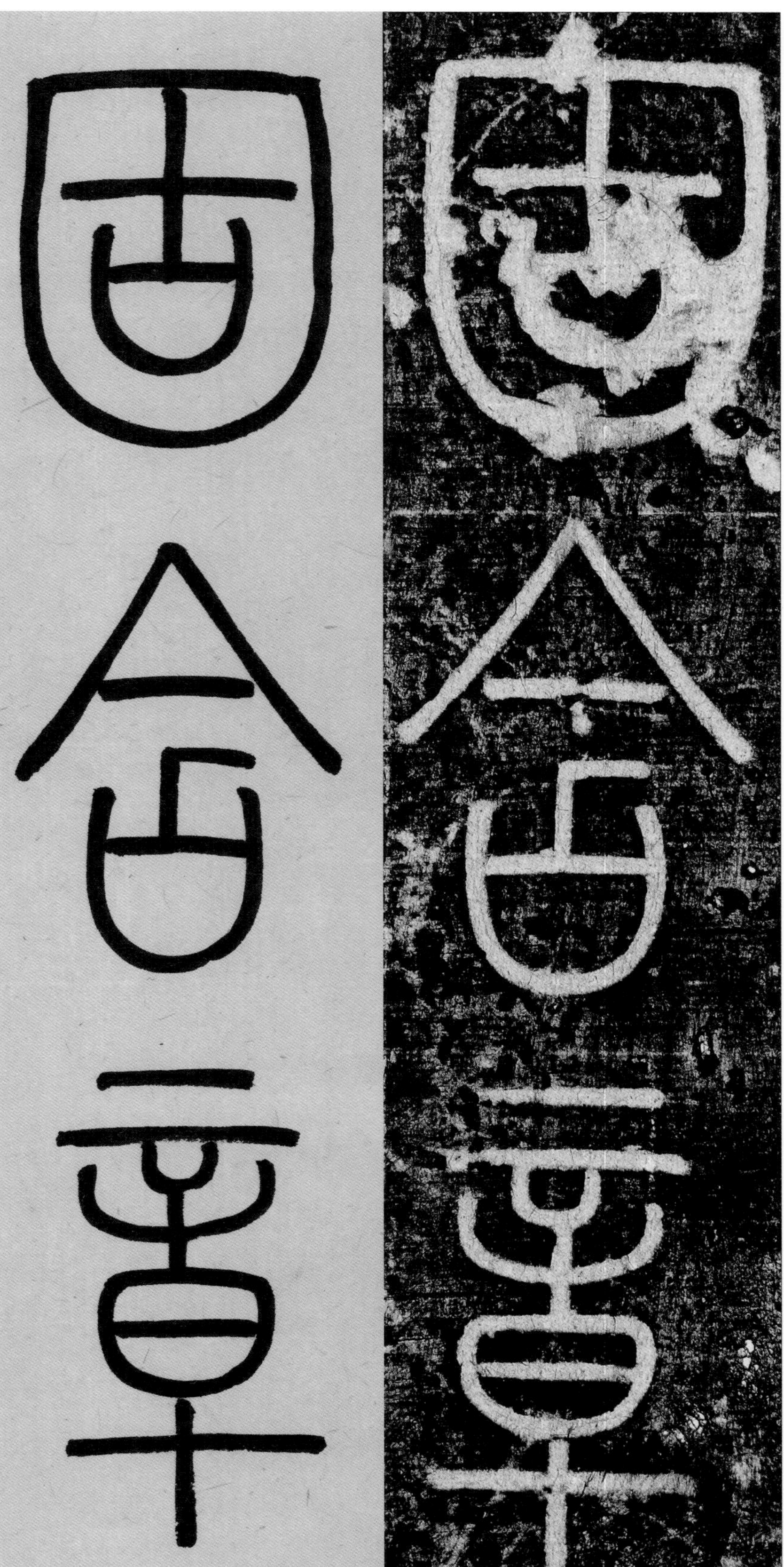

『杞』字右半部重心上移，『梓』字右半部空间分布均衡，『材』字右半部重心下移。

『昊』字上部字形略小，下部衔接处有虚实变化；『穹』字下半部略向右倾斜。

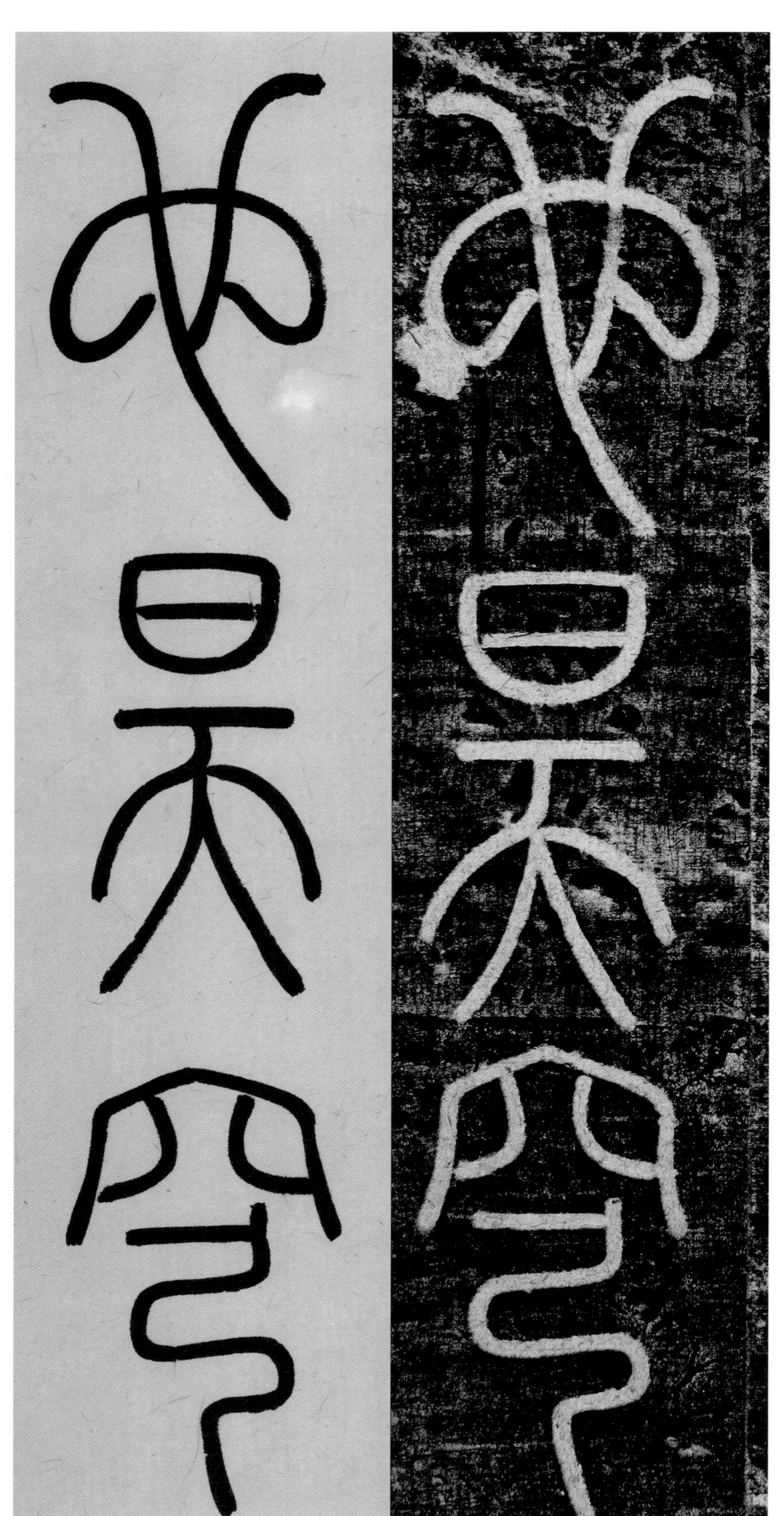

『生』字空间分割较大，『德』字右半部收放有变化，『宜』字『且』部有向内向外的力量变化。

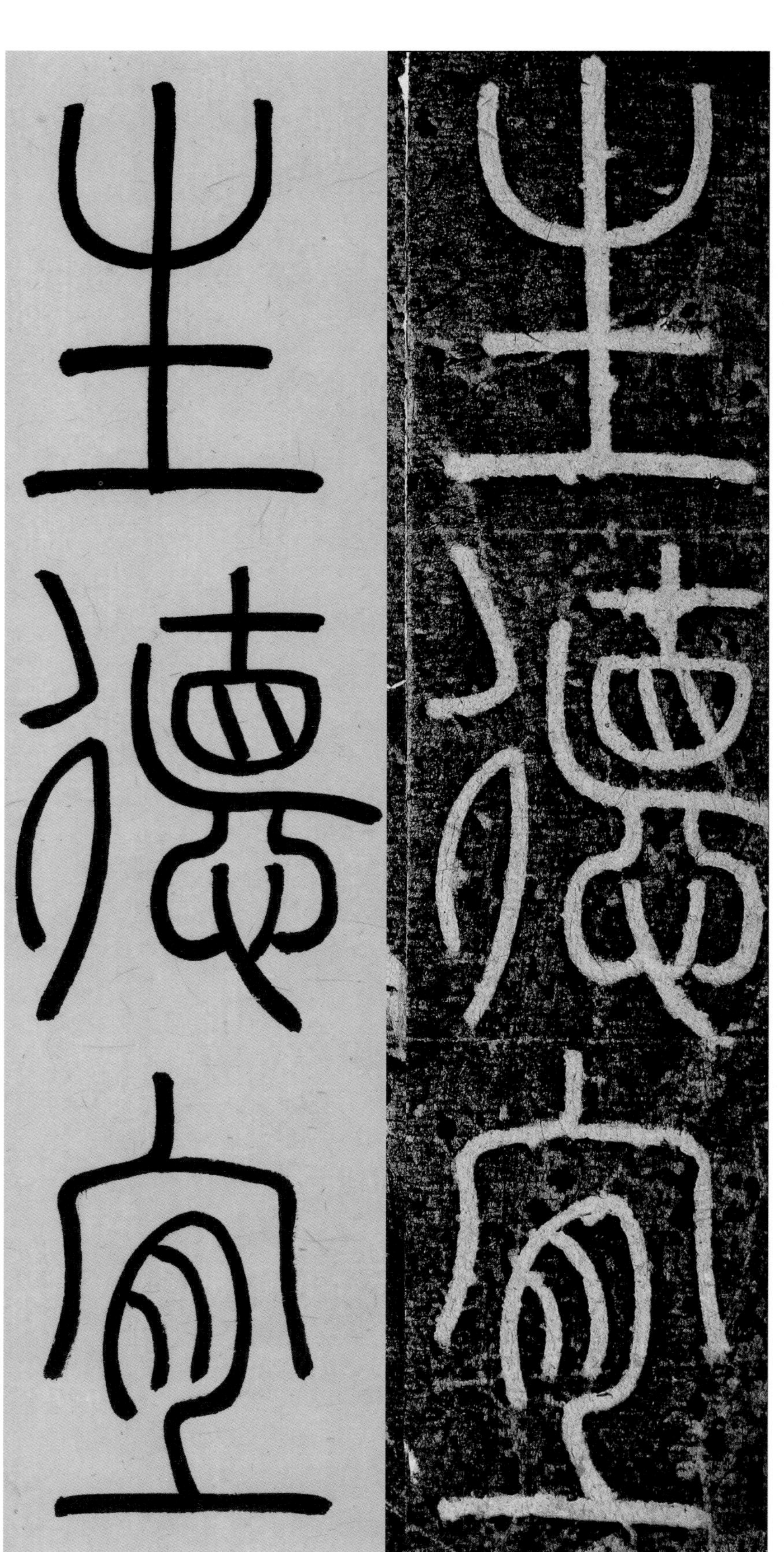

『受』字上半部三个撇画有长短变化；『封』字两『土』字书写有变化，左右有高低落差；『福』字部首字形偏大，注意左右穿插。

『仅』字偏旁用笔流畅，右半部重心下移；『逾』字注意左右部分穿插衔接；『强』字注意用笔中锋使转。

『仕』字左右重心一低一高；『以』字注意左半部用笔衔接，右半部用笔有圆势；『讲』字空间分布均衡，结构上紧下松。

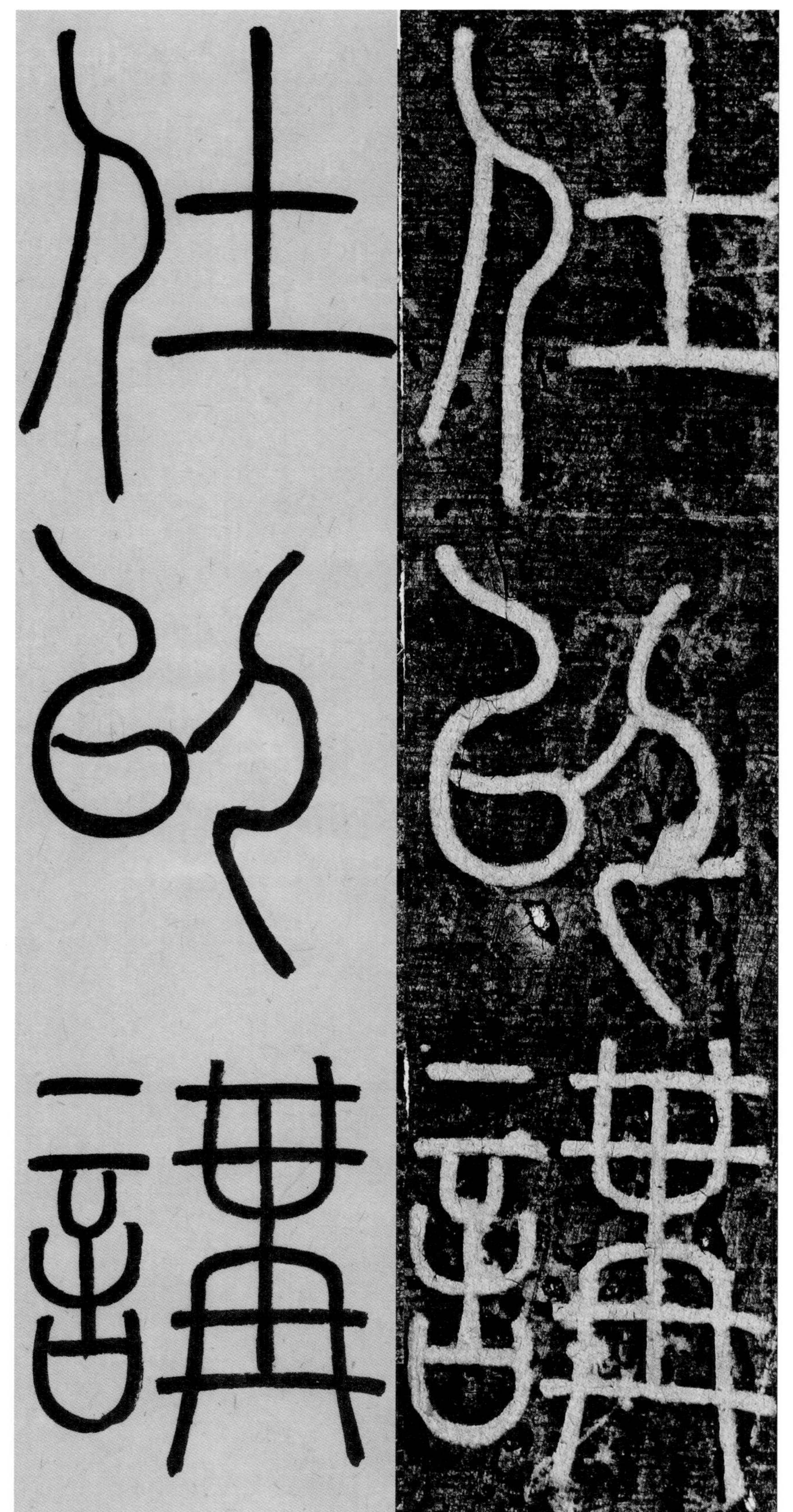

『阴』字偏旁竖画用笔略有弯曲，注意左右部分穿插；『堂』字上部横竖间有衔接；『未』字结构左右对称，重心偏低。

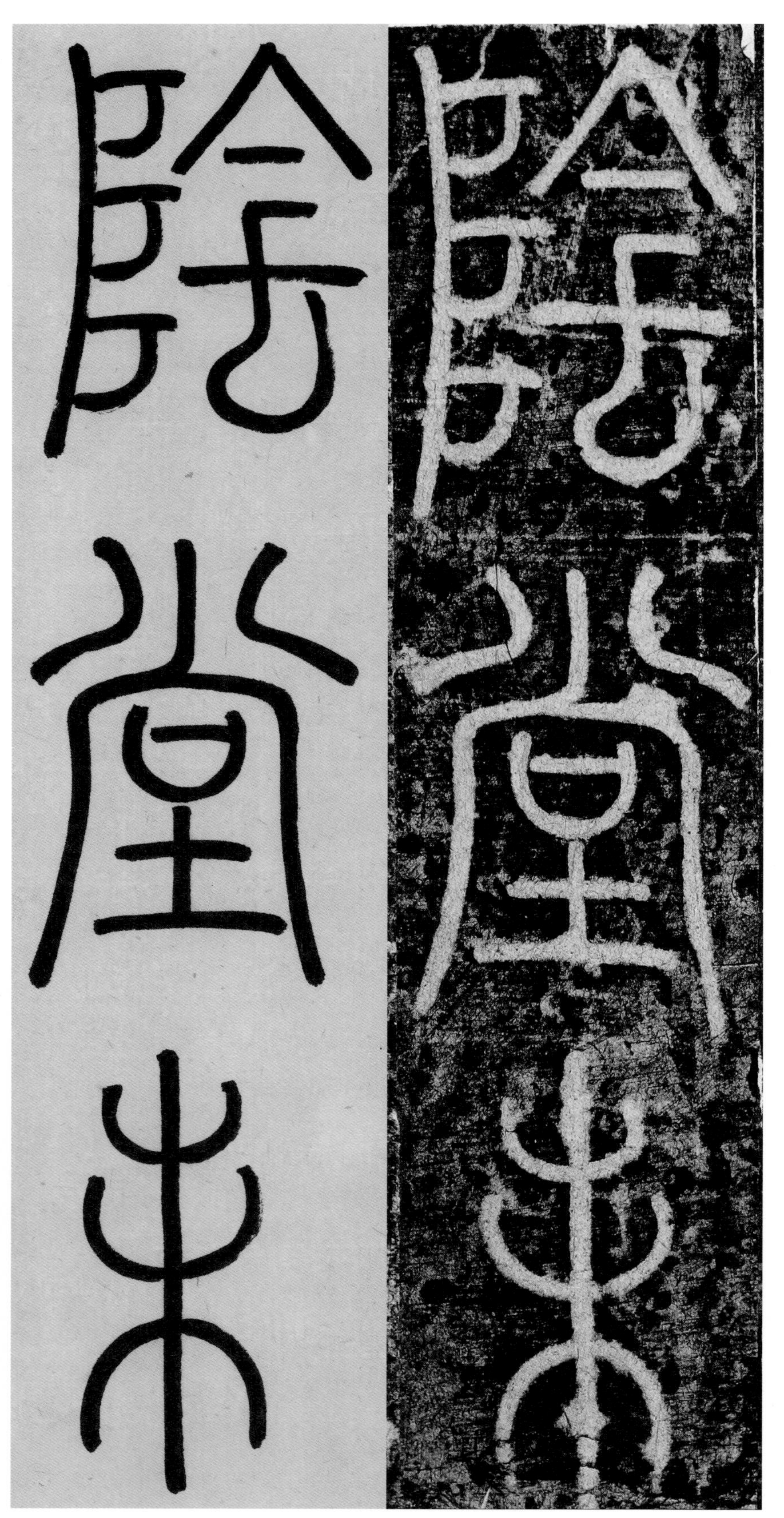

『盈』字注意上下部分互有穿插；『纪』字注意重心偏低，字形偏小。

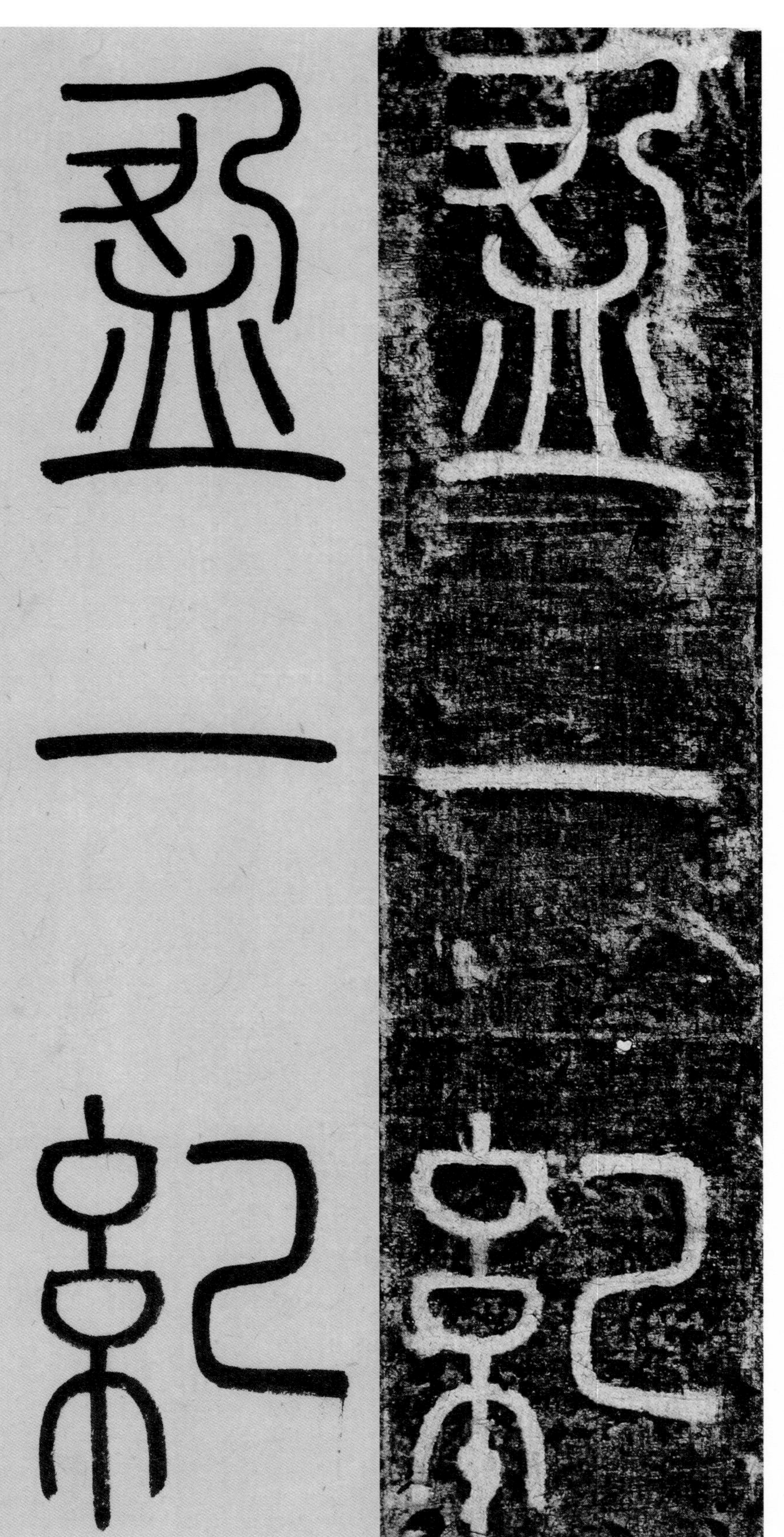

『坟』字注意右半部重心偏低，三个『屮』字部有大小变化；『相』字左半部用笔粗壮，字形偏大。

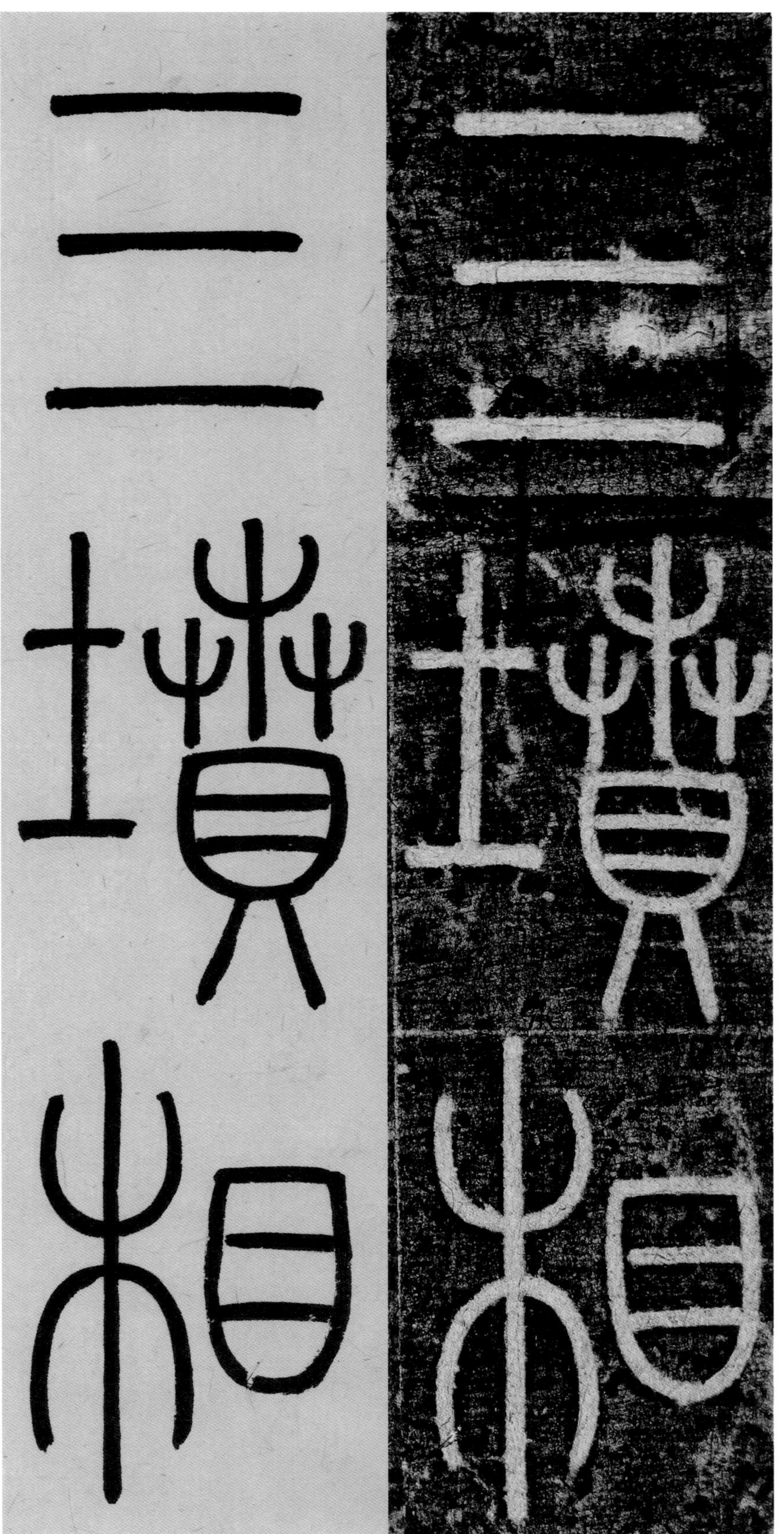

『比』字注意用笔有弧度，长短有变化；『思』字上半部字形偏小，『心』部用笔开张；『其』字上部紧凑。

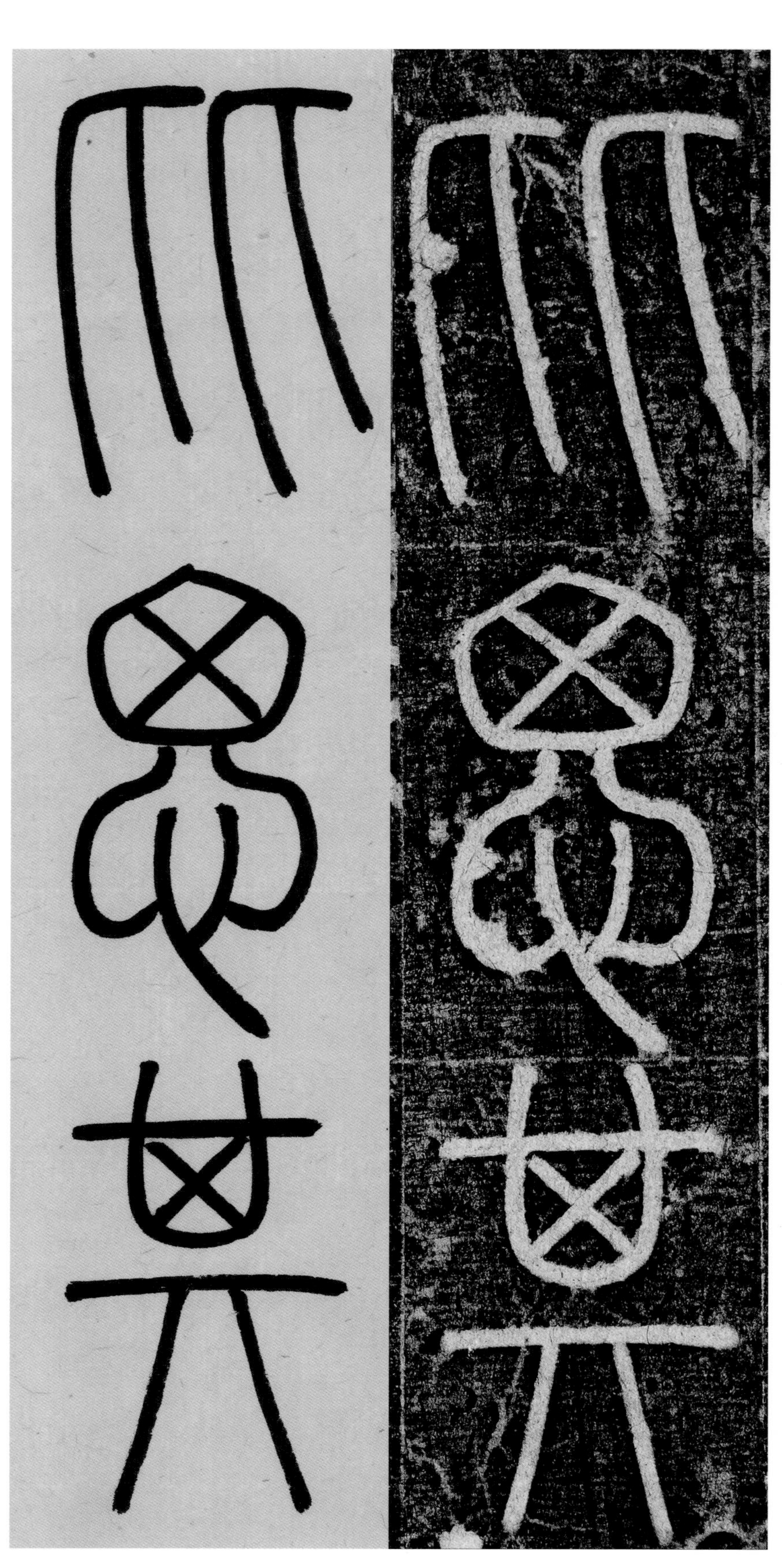

『咎』字右半部靠左半部，竖画偏长；『职』字竖画均向右倾斜；『讯』字左右关系紧密无间。

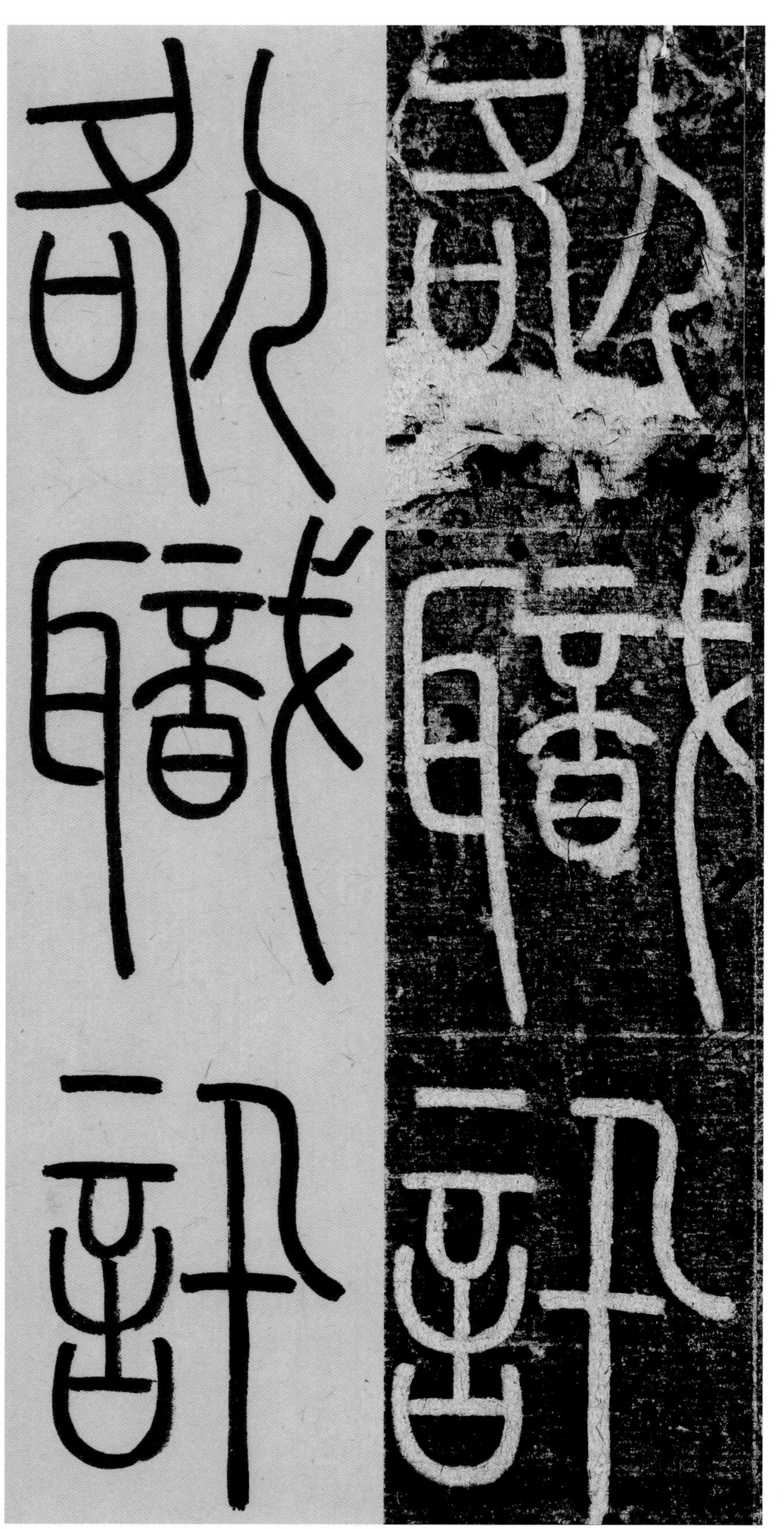

『逢』字注意起笔时的角度，上松下紧；『占』字呈三角形态，下部向内收紧。

『者』字用笔外拓，左右开张；『邵』字左半部用笔有使转，横画间有向背。

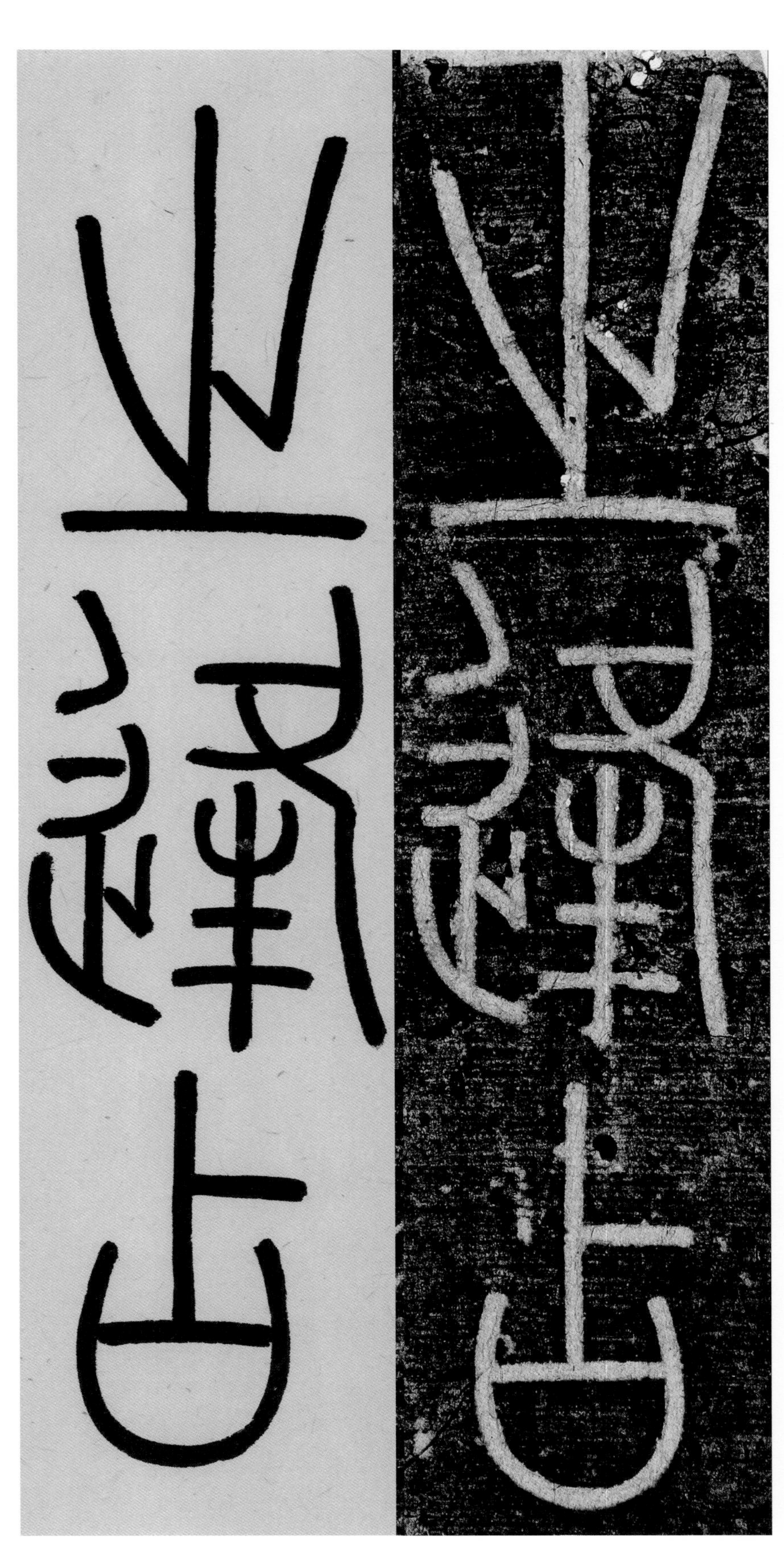

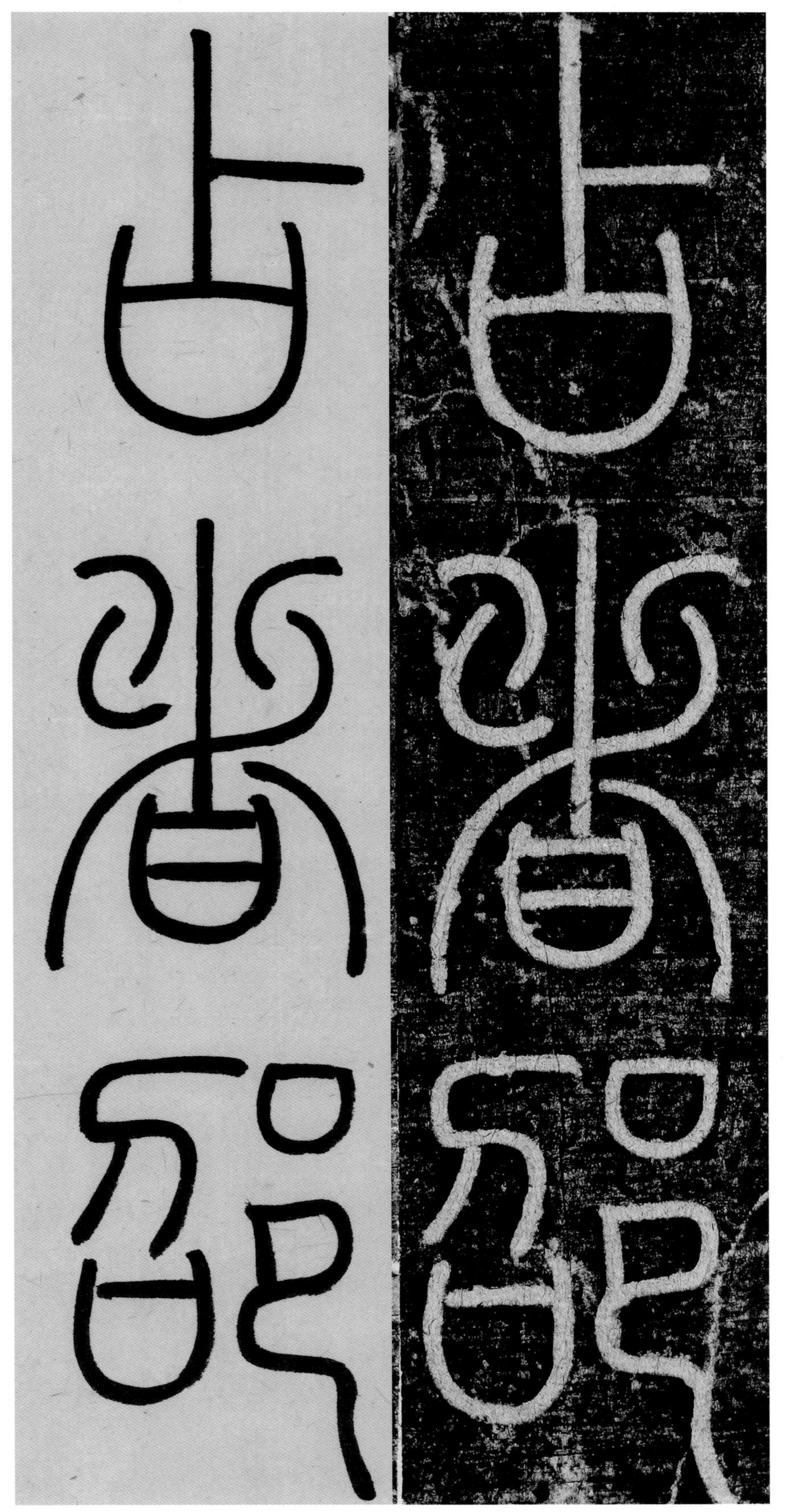

「权」字右半部结构紧凑，横画间平行右倾；「曰」字用笔粗壮；「霸」字空间分布均衡。

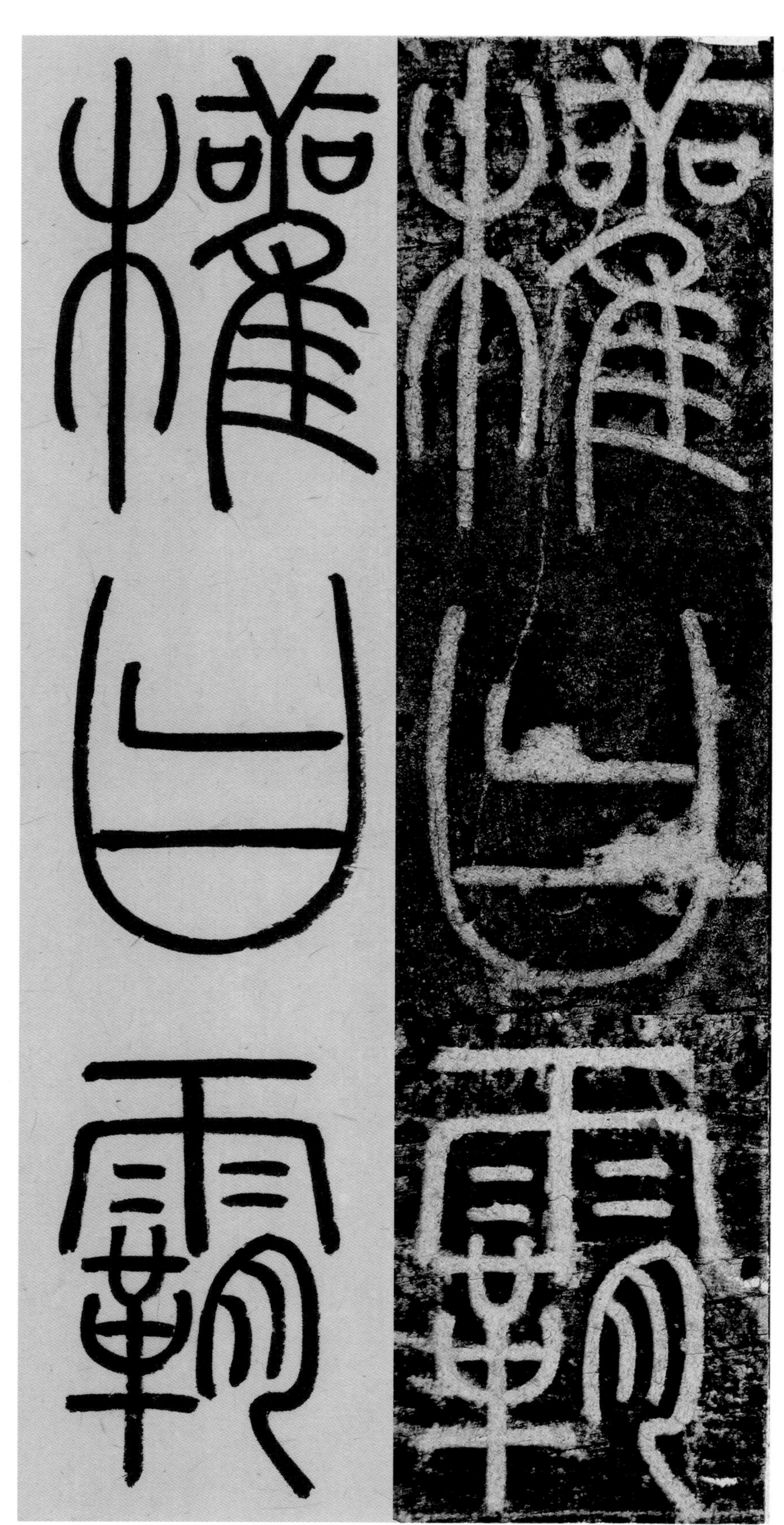

「陵」字竖画左倾，与右半部捺笔形成对应关系；「故」字注意笔画间对应与衔接；「莹」字中间笔画的宽度略窄于上部。

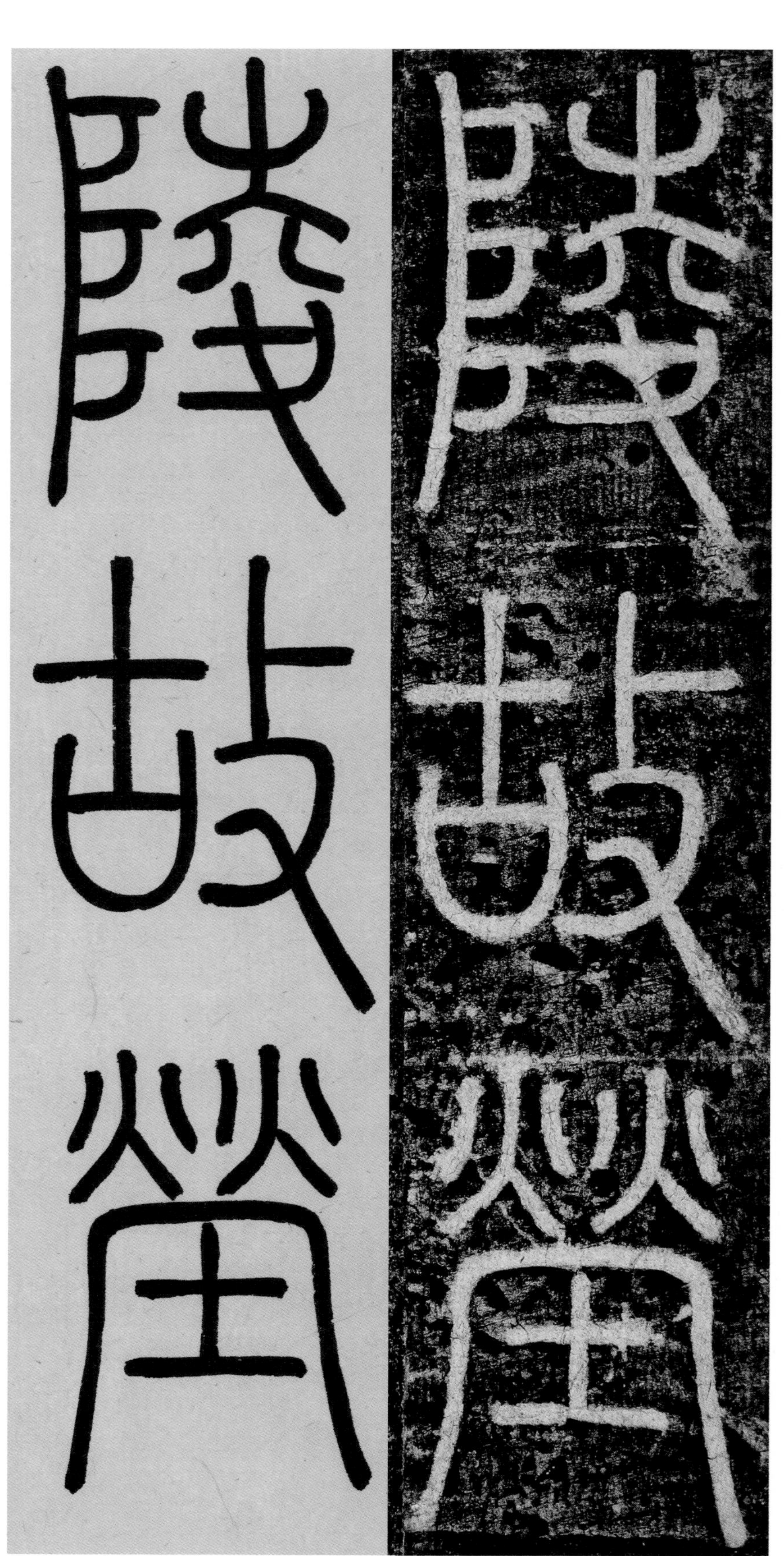

「葬」字注意相同部件的变化，中间字形紧凑；「违」字重心偏低，右半部注意横画方向。

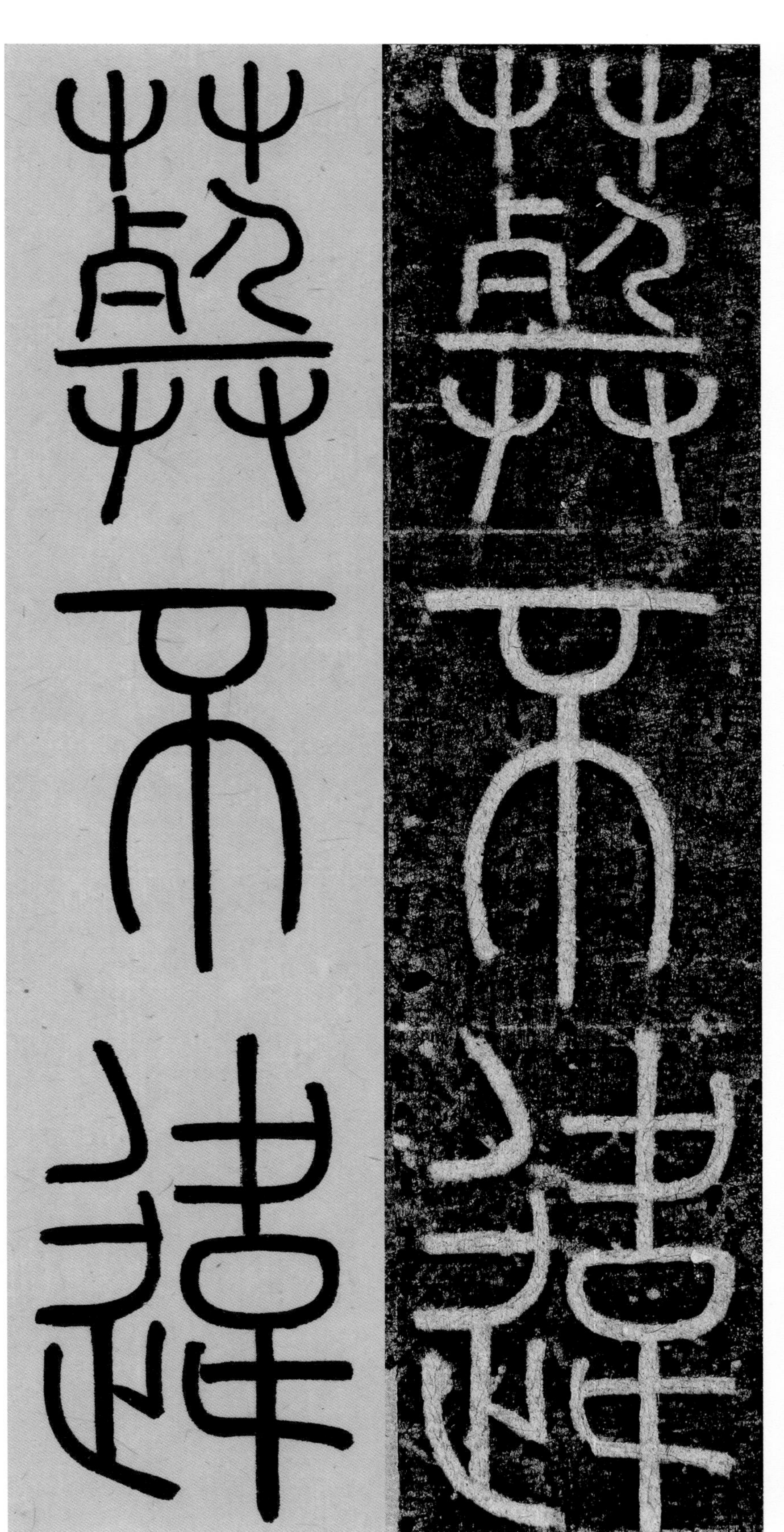

「禁」字注意左右对称，重心偏低；「害」字注意三个撇笔书写方向与弧度；「于」字竖画的起笔与收笔在同一垂直线上。

「而」字下部一大一小，形成对比；「家」字三撇笔中前两笔平行，最后一笔向背，同时有虚实相接；「岁」字注意上部衔接紧密。

「摄」「提」二字字势一左一右形成呼应关系，「格」字「口」部略小。

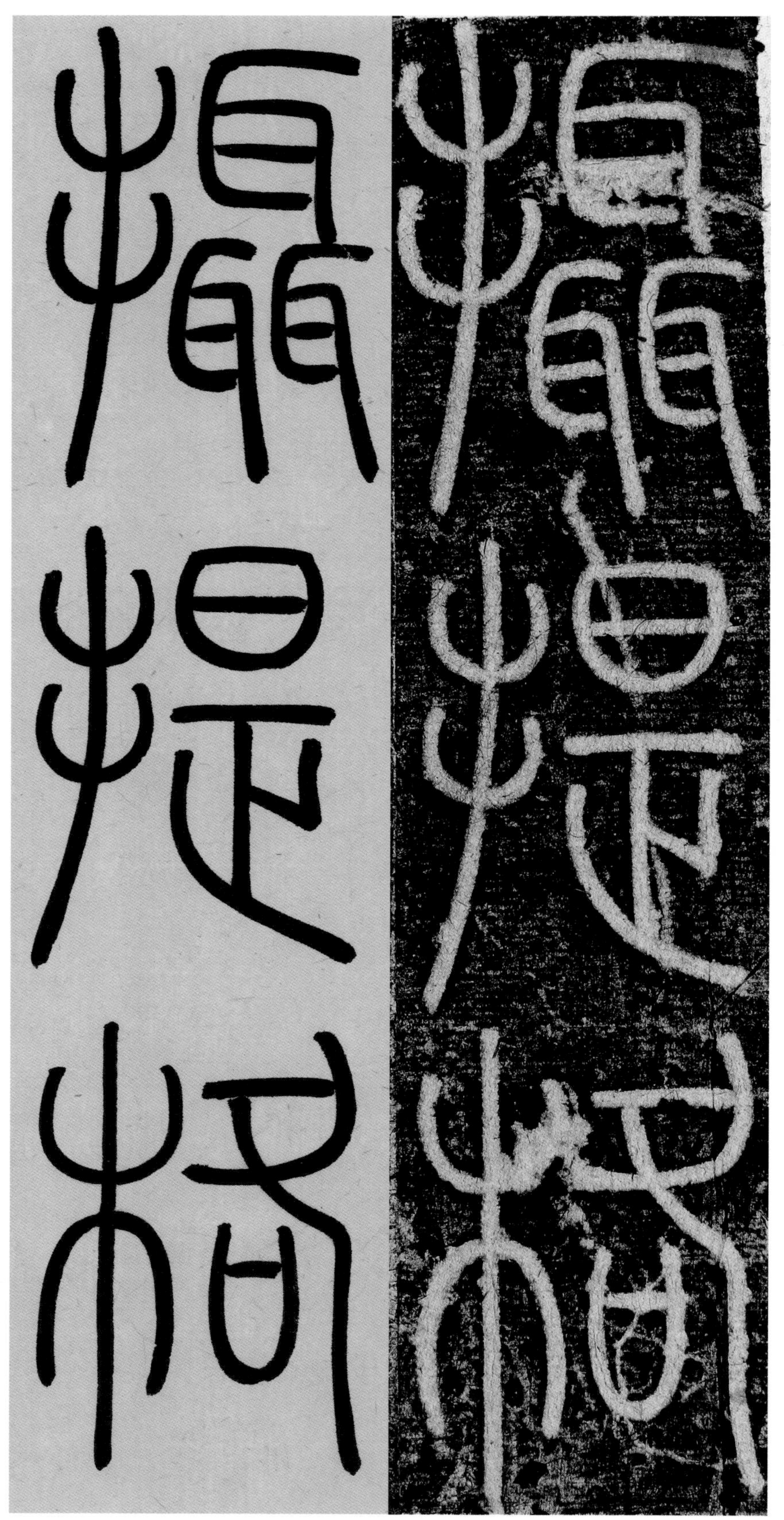

『乃』字可先书写竖折笔画；『贞』字重心偏上，竖画外拓；『阳』字注意相同笔画间有变化。

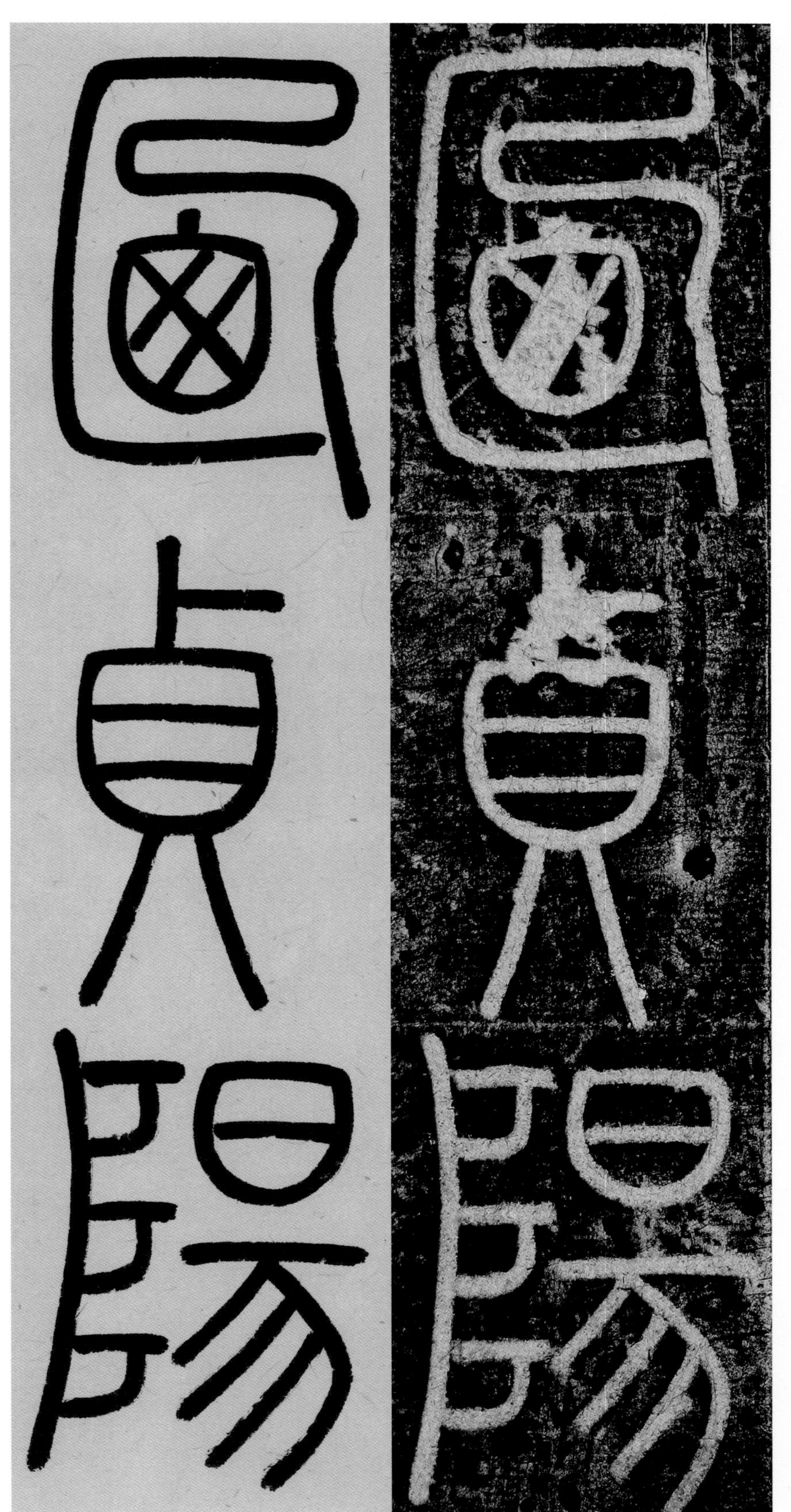

『卜』字一横一竖，横画略向下弯曲；『祔』字注意用笔之间有穿插揖让。

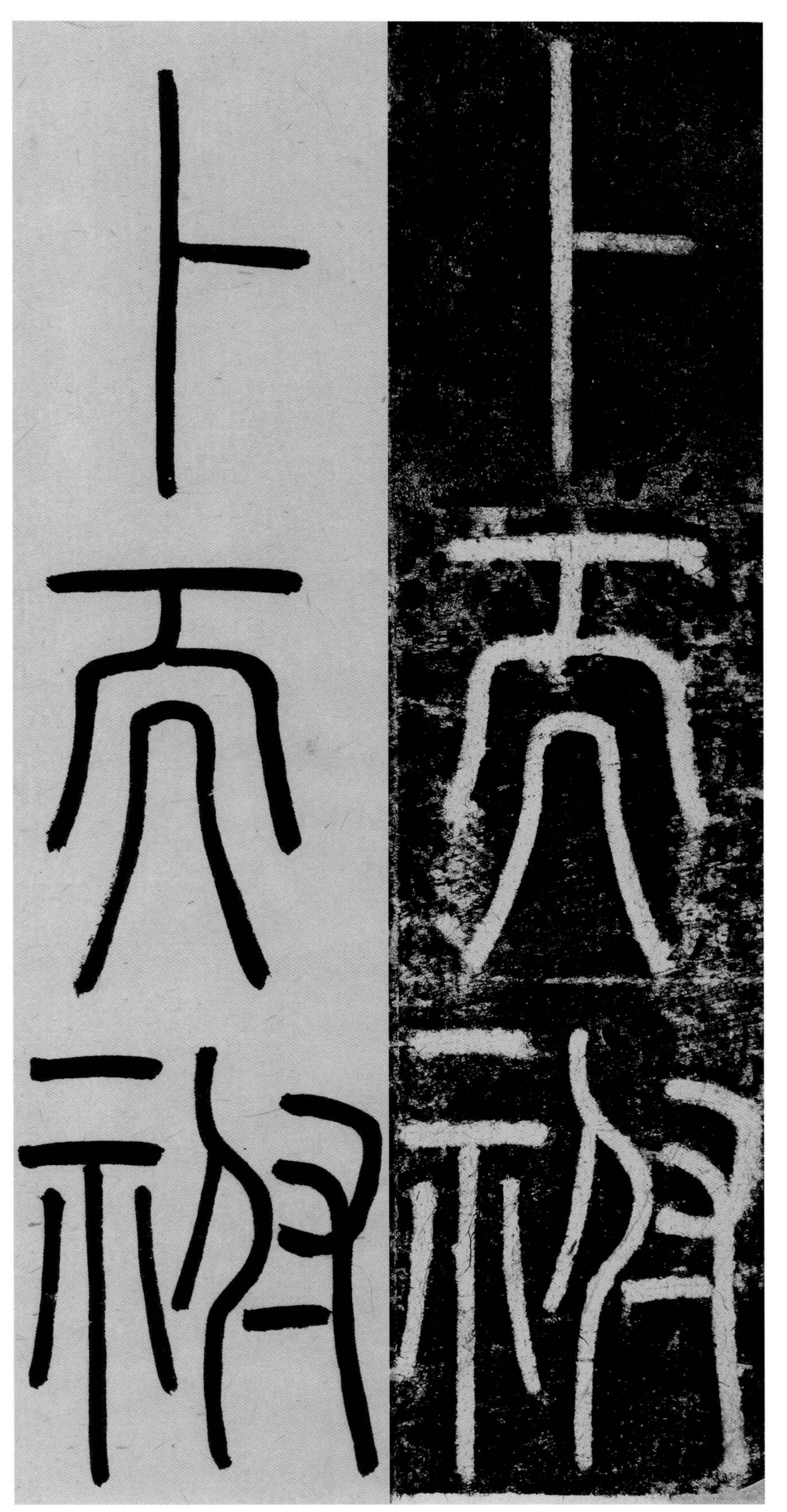

「大」字注意撇捺交叉处位于该字中心；「坟」字重心偏高，注意三个「屮」部有大小变化。

「三」字注意横画长度的变化；「以」字左高右低，注意右半部笔锋的调整与停顿。

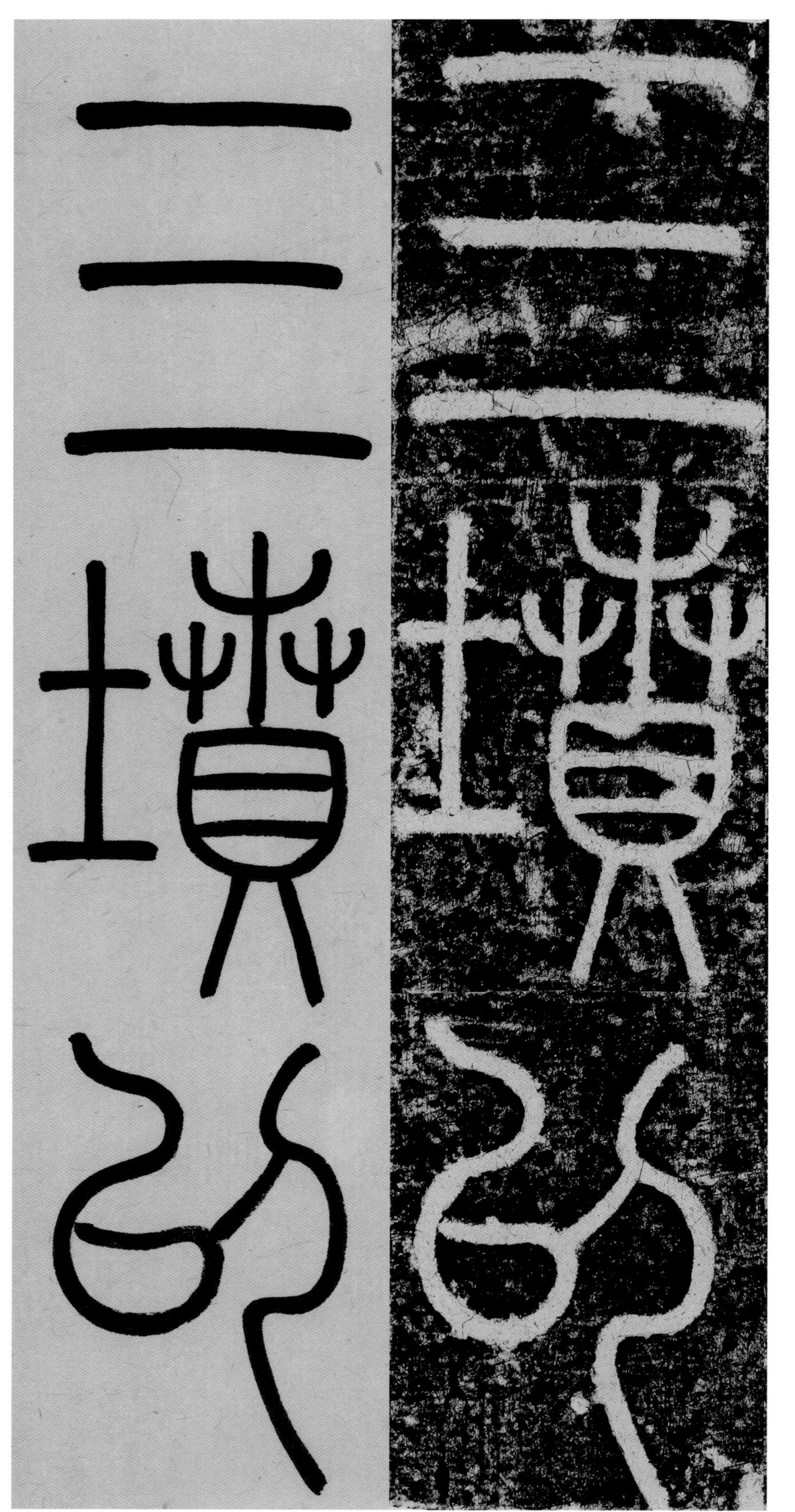

「东」「南」二字一宽一窄，左右对称；「为」字注意用笔弧度与开张。

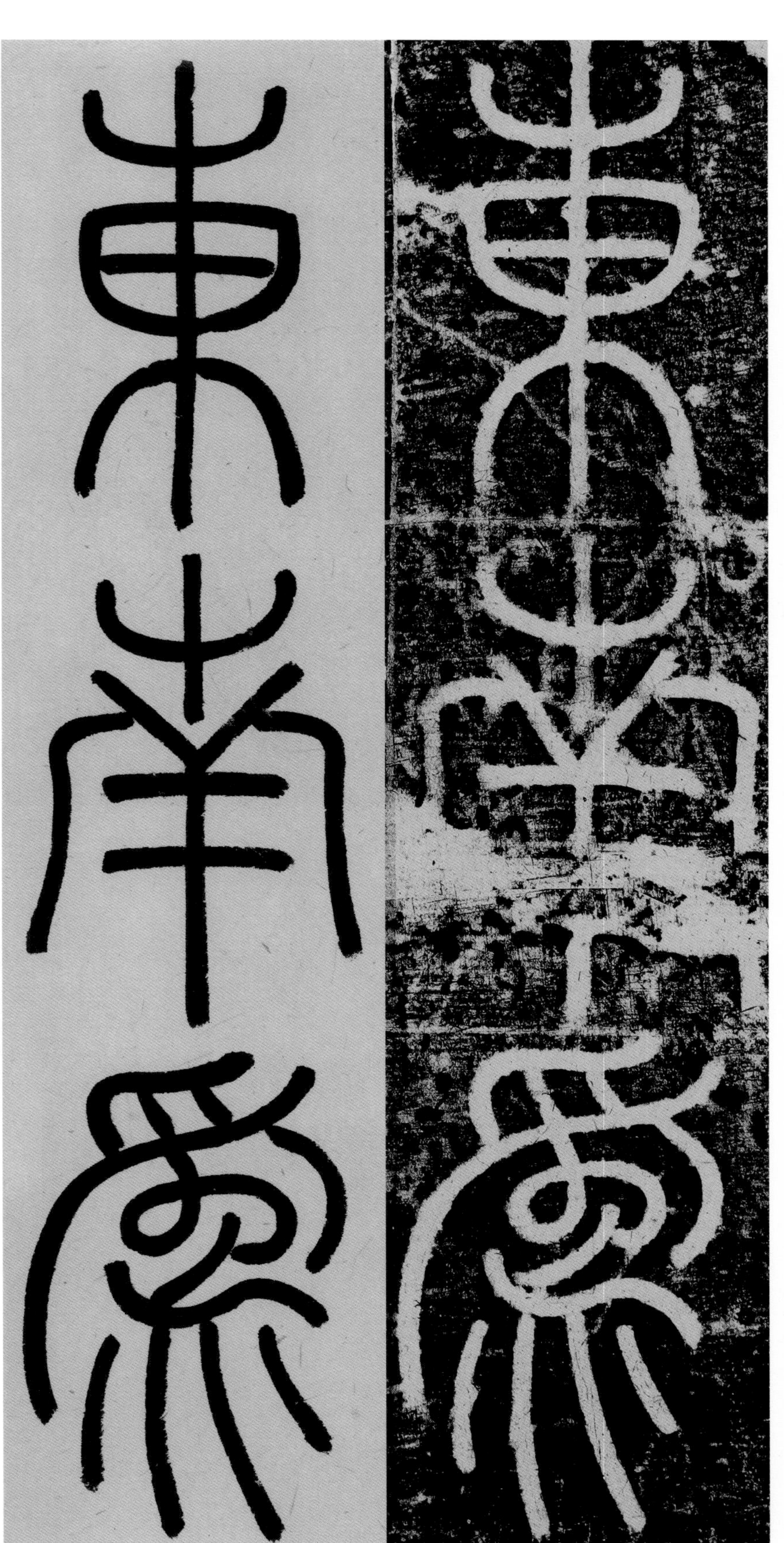

「伯」「仲」二字注意单人旁用笔变化，「叔」字注意左右关系对应。

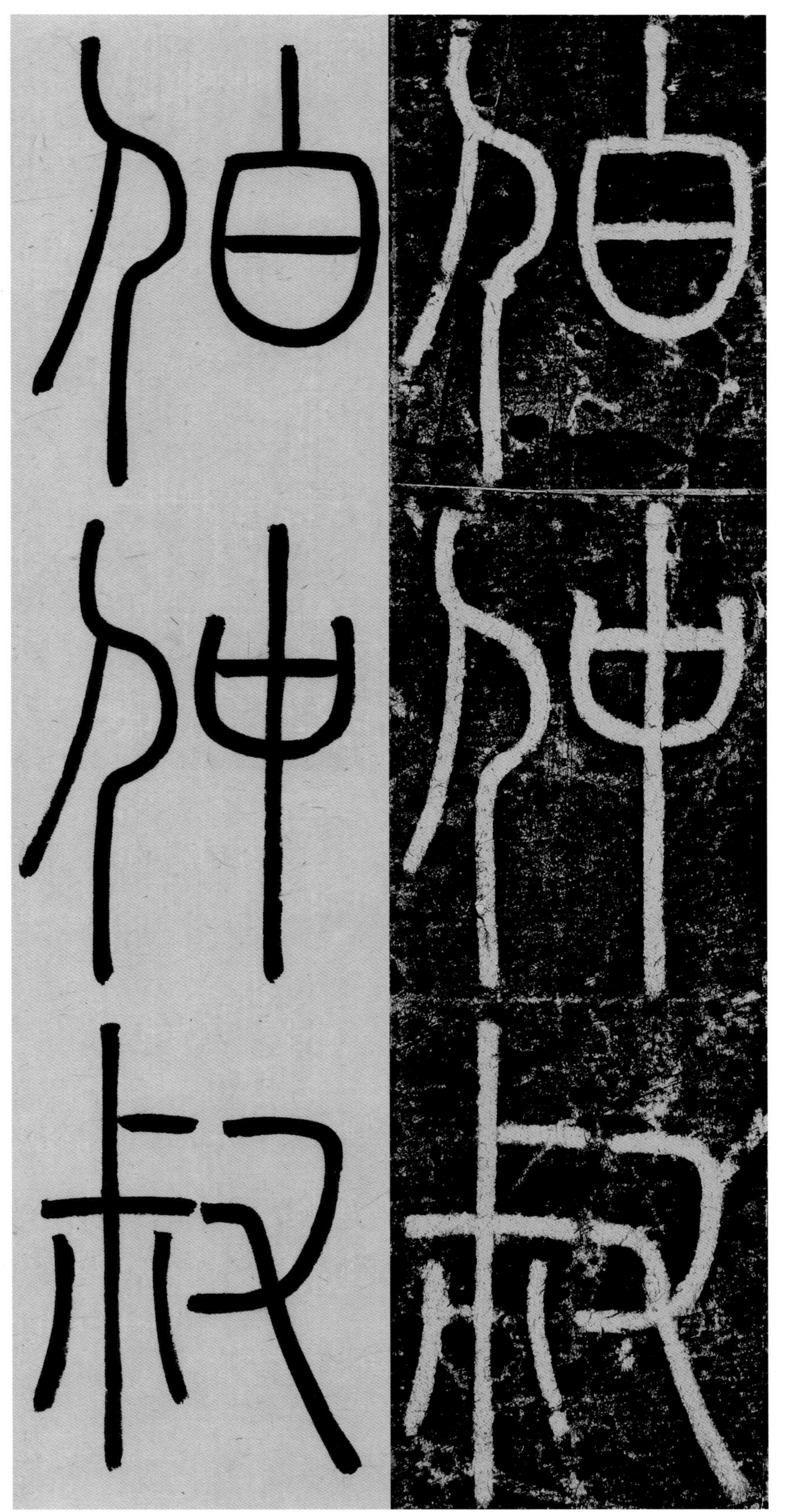

『貤』字左半部呈细长形，『若』字下半部一左一右相呼应。

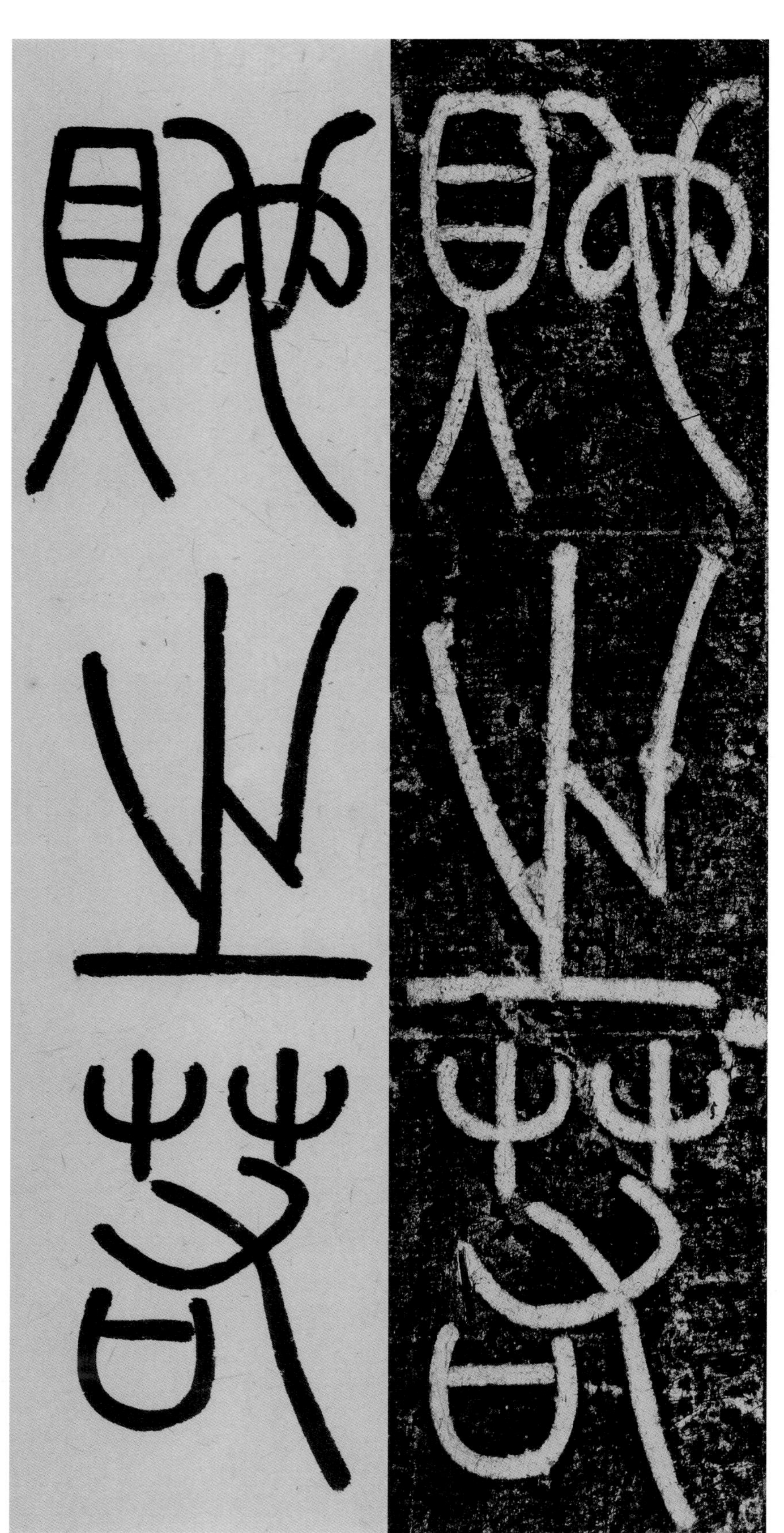

『雁』字外部方正，内部用笔宛转，空间分布均衡；『然』字用笔左右对称，重心偏上。

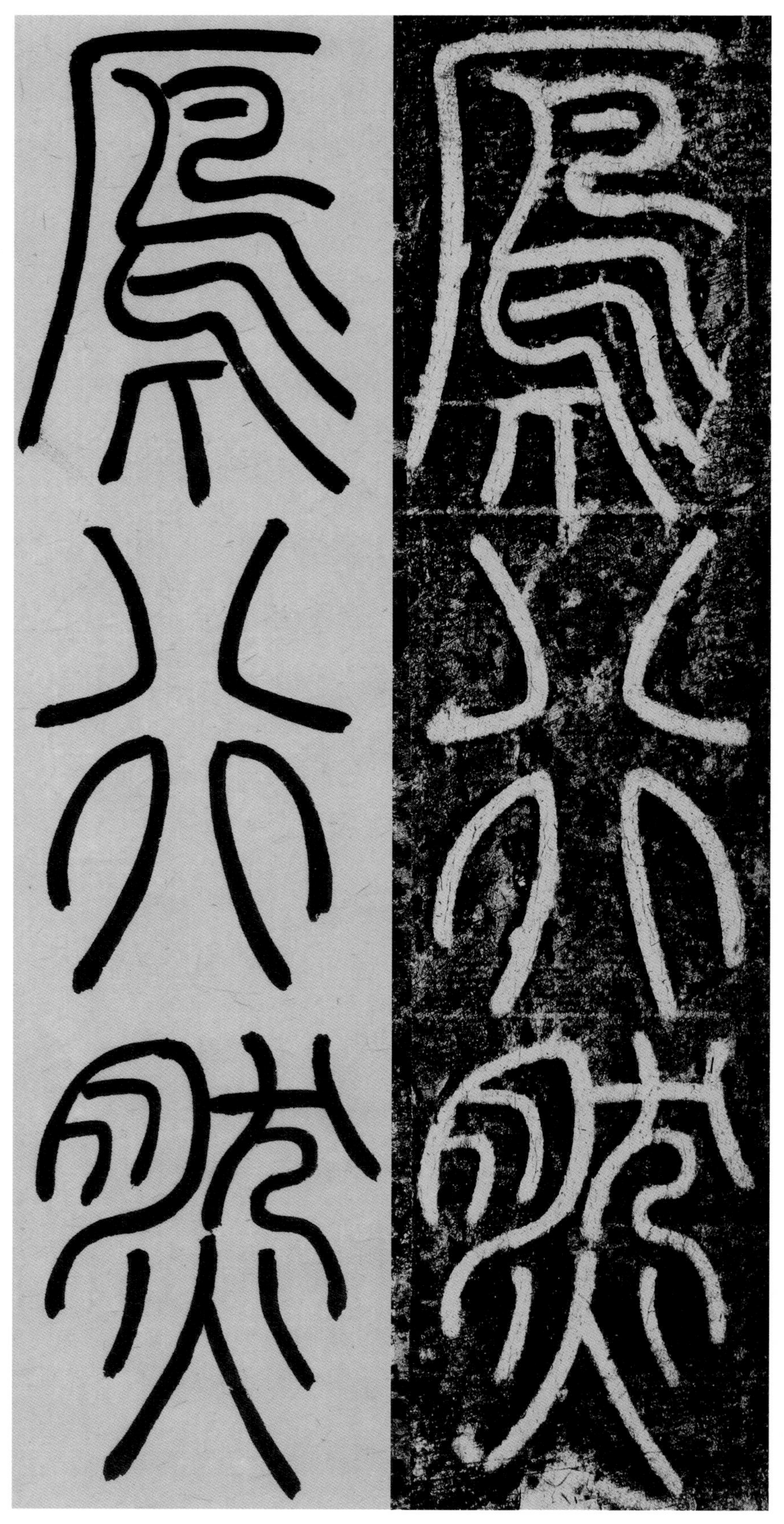

『历』字外部平整，内部空间分布均衡；『建』字横画、竖折均略带弧度。

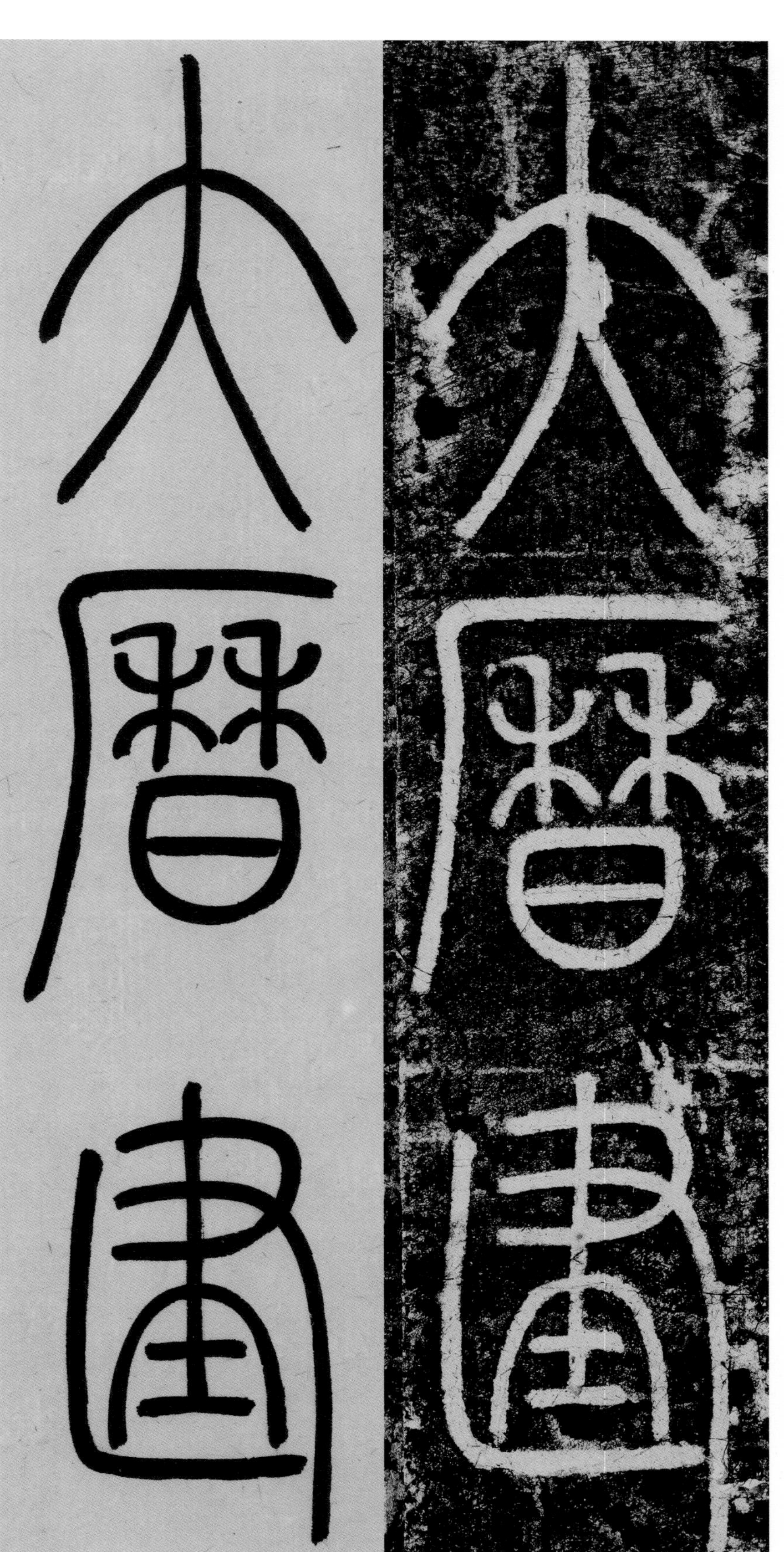

『元』字下半部起笔居左，『明』字从左至右空间分布均衡。

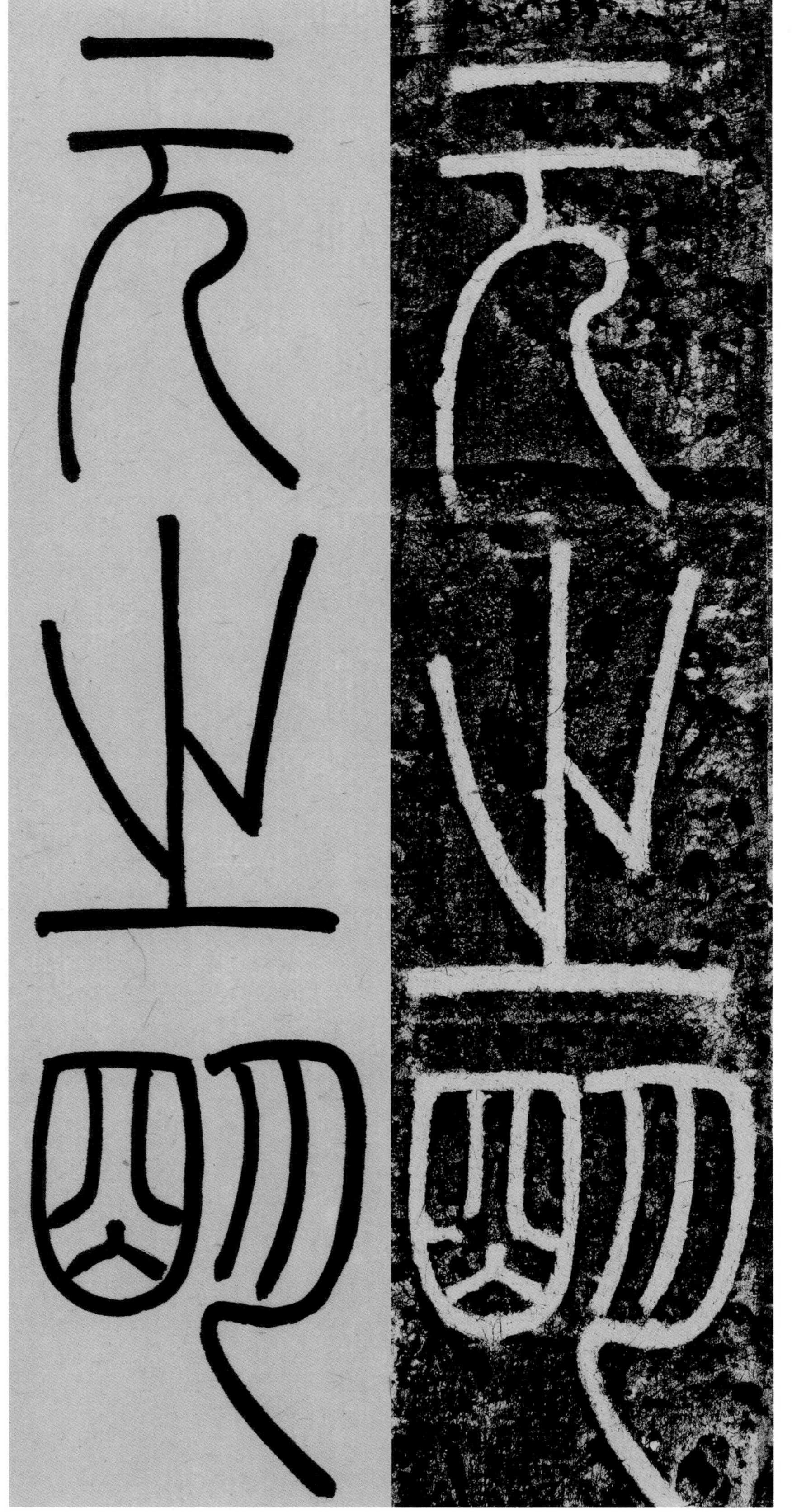

『年』字字势右倾；『斯』字左右关系紧密，中间有虚实衔接。

『刻』字右半部短小；『石』字外部平整，内部圆转；『恐』字注意三部分关系紧密。

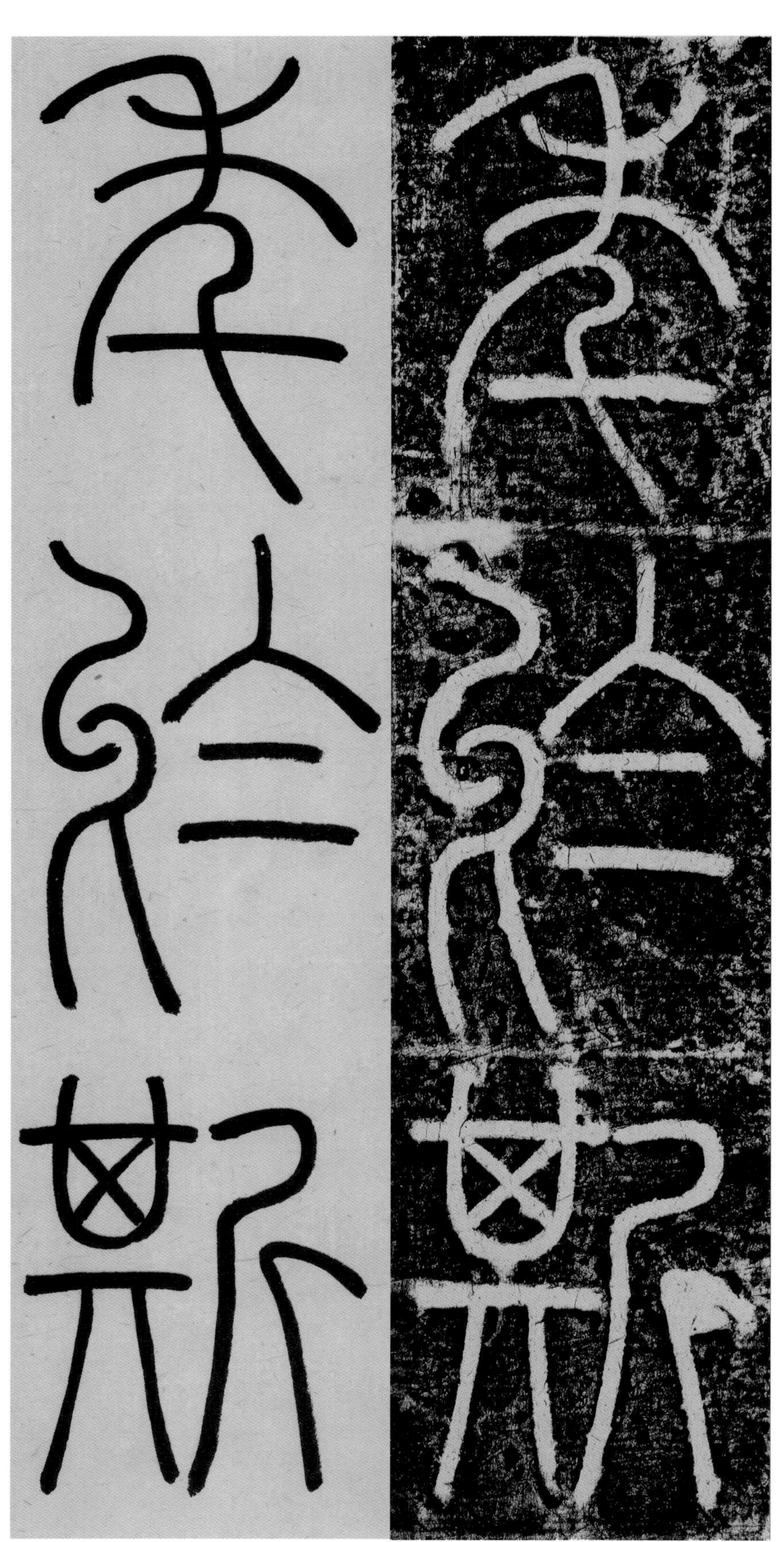

「夫」字重心偏低；「溟」「海」二字用笔宛转，注意粗细变化。

「为」字注意用笔弧度与开张；「陆」字用笔厚重，注意左右笔画衔接；「老」字上半部结构略大，下半部呈梯形状。

『沙』字左右用笔有呼应；『防』字注意用笔的粗细变化；『焉』字上部中正，下部用笔灵活宛转。

『季』字上部竖画与下部撇画中心位于同一水平线；『卿』字重心偏低，左右对称；『述』字注意横画间衔接对应。

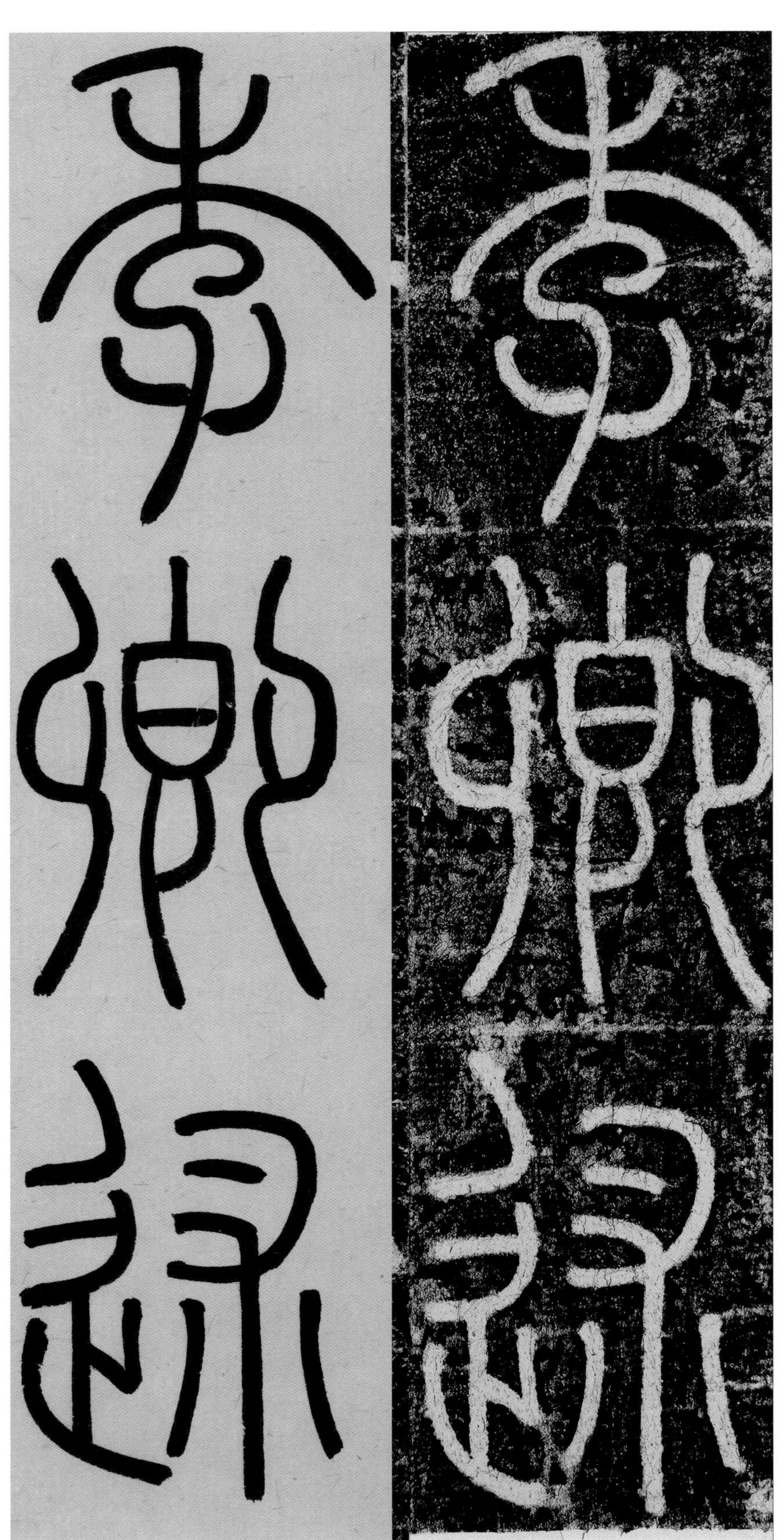

『冰』字注意左右间穿插揖让，右半部中间用笔有停顿；『书』字字形纵长。

『光』字注意用笔使转与笔画间的衔接；『刻』字有左倾之势，注意不同撇画间的平行与长短变化。

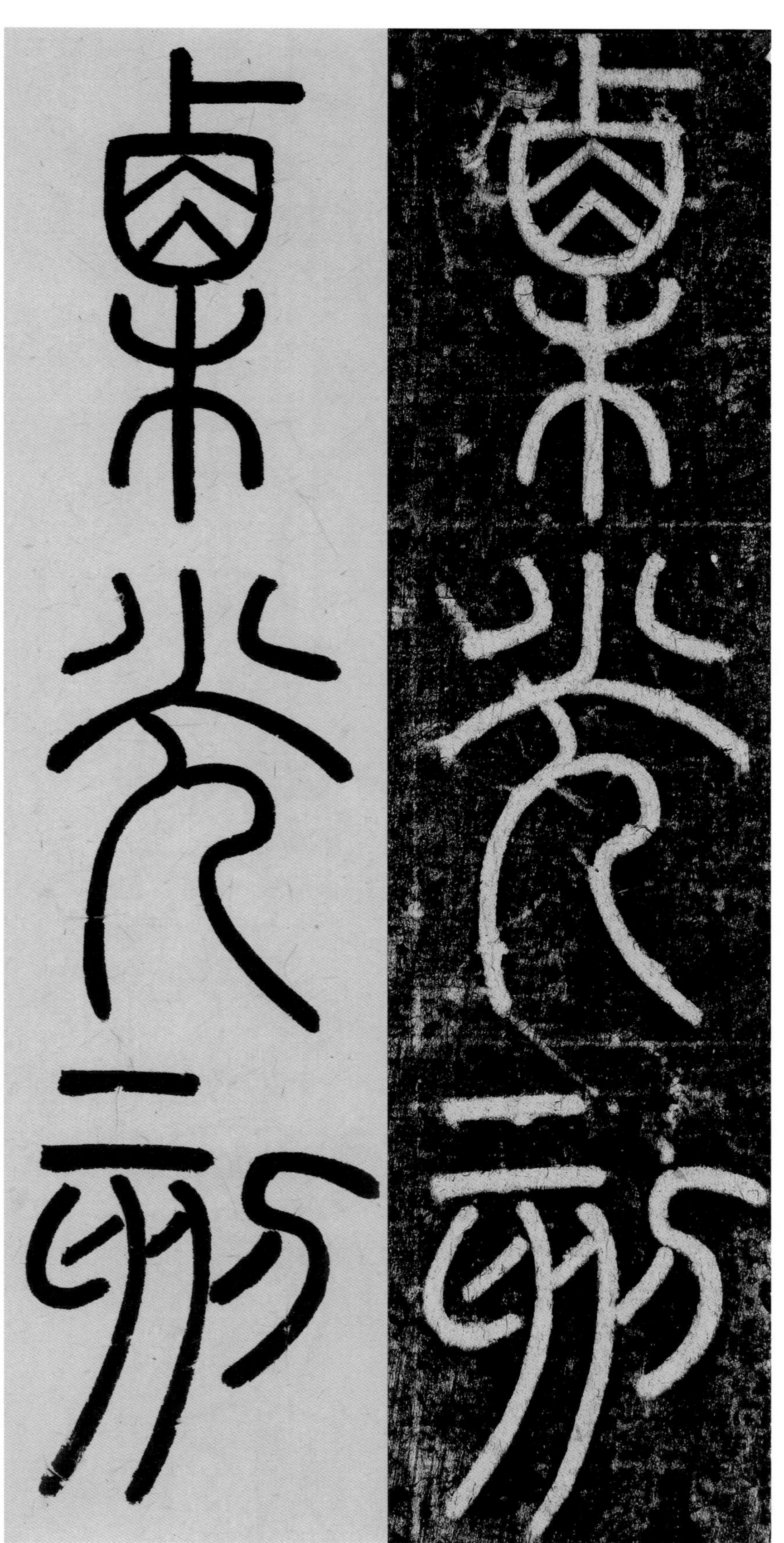

人閑桂花落夜靜春山空月出驚山鳥時鳴春澗中

人閑桂花落夜静春山空
月出驚山鳥時鳴春澗中

王維詩鳥鳴澗 丁萬里書於古泉居

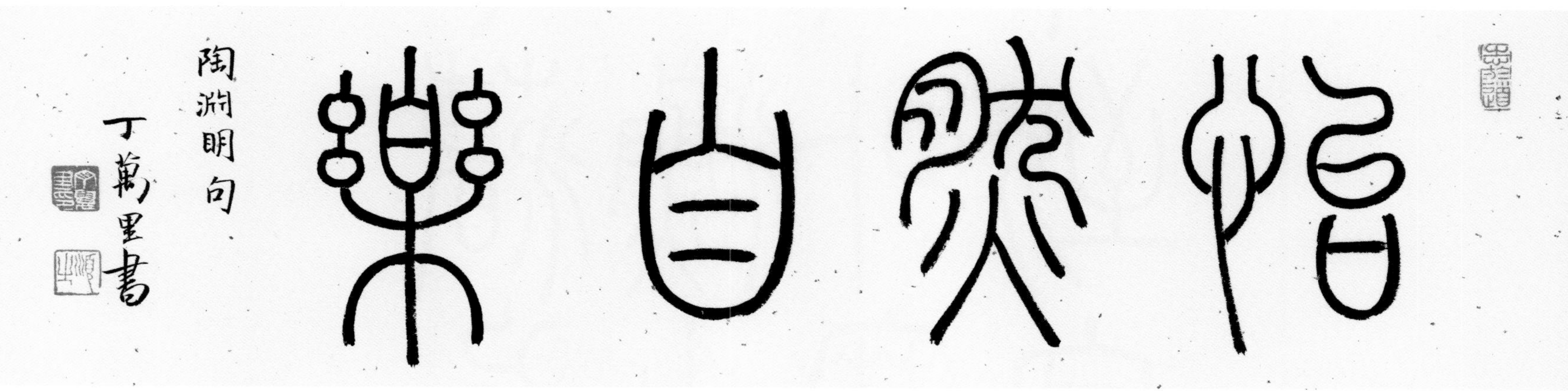

月落烏啼霜滿天江
楓漁火對愁眠姑蘇
城外寒山寺夜半鐘
聲到客船

張繼 楓橋夜泊
丁萬里書

老鶴雲間意

老鶴雲間意長松雪外姿

長松雪外姿

丁萬里書於泉唐

**图书在版编目（CIP）数据**

李阳冰《三坟记》实临解密 / 丁万里著. —上海：
上海书画出版社，2020.6
（碑帖名品全本实临系列）
ISBN 978-7-5479-2360-3
Ⅰ. ①李… Ⅱ. ①丁… Ⅲ. ①篆书-书法 Ⅳ.
①J292.113.1
中国版本图书馆CIP数据核字(2020)第088022号

碑帖名品全本实临系列

# 李阳冰《三坟记》实临解密

丁万里 著

责任编辑 朱艳萍
编　　辑 李柯霖 冯彦芹
审　　读 陈家红
责任校对 朱 慧
整体设计 瀚青文化
技术编辑 包赛明
视频拍摄 浙江六品堂教育科技有限公司

出版发行 上海世纪出版集团
上海书画出版社
地　　址 上海市延安西路593号 200050
网　　址 www.ewen.co
www.shshuhua.com
E-mail shcpph@163.com
制　　版 杭州立飞图文制作有限公司
印　　刷 浙江海虹彩色印务有限公司
经　　销 各地新华书店
开　　本 787×1092 1/8
印　　张 11
版　　次 2020年6月第1版
2020年6月第1次印刷

书　　号 ISBN 978-7-5479-2360-3
定　　价 86.00元